婺文化丛书

堰遇白沙

朱劲涛　林胜华 / 著

哈尔滨出版社
HARBIN PUBLISHING HOUSE

图书在版编目（CIP）数据

堰遇白沙 / 朱劲涛，林胜华著 . — 哈尔滨 ： 哈尔
滨出版社，2023.5
（婺文化丛书）
ISBN 978-7-5484-6986-5

Ⅰ . ①堰… Ⅱ . ①朱… ②林… Ⅲ . ①地方文化－金
华 Ⅳ . ① G127.553

中国版本图书馆 CIP 数据核字（2022）第 242416 号

书　　名：**堰遇白沙**
　　　　　YAN YU BAISHA
- -
作　　者：朱劲涛　林胜华　著
责任编辑：孙　迪　李维娜
特约编辑：李　路
装帧设计：谢蔓玉
- -
出版发行：哈尔滨出版社（Harbin Publishing House）
社　　址：哈尔滨市香坊区泰山路 82-9 号　　邮编：150090
经　　销：全国新华书店
印　　刷：三河市元兴印务有限公司
网　　址：www.hrbcbs.com
E-mail：hrbcbs@yeah.net
编辑版权热线：（0451）87900271　87900272
销售热线：（0451）87900202　87900203
- -
开　　本：880mm×1230mm　1/32　印张：6.5　字数：120 千字
版　　次：2023 年 5 月第 1 版
印　　次：2023 年 5 月第 1 次印刷
书　　号：ISBN 978-7-5484-6986-5
定　　价：69.80 元
- -
凡购本社图书发现印装错误，请与本社印制部联系调换。
服务热线：（0451）87900279

《婺文化丛书》编委会

////序 怀山之水

"白沙三十有六堰，春水平分夜涨流。每岁田禾无旱日，此乡农事有余秋。"宋代名相王淮在游览白沙溪后，写下了一首《白沙溪遗兴》。白沙溪位于钱塘江上游，旧名白龙溪，白沙溪是婺城的母亲河，主流长68.3千米，由沙畈溪口门陈入境，接纳银坑溪、大铺水、左别源等支流，入沙畈水库，经金兰水库后，流经琅琊镇、白龙桥古方村、新昌桥村，在乾西乡石柱头入婺江，滋养了56千里长、320平方千米流域的土地和人民，见证了千年来金华的变迁兴盛。

漫步于古堰堤坝，清澈的溪水一路欢歌，聚于堰前，"风乍起，吹皱一池春水"。白沙堰是指位于金华市白沙溪上的白沙溪三十六堰，三十六堰古水利工程自东汉建武三年（27）开建，覆盖了白沙溪的全部流域，受益农田27.8万亩，至今仍有19座堰发挥作用，福泽两岸百姓。白沙溪三十六堰是浙江省现存最古老的堰坝引水灌溉工程，兼具引水灌溉、防洪、蓄水、水力加工等多种功能。1900多年前，东汉骠骑将军卢文台修筑白沙溪三十六堰，创造了古代水利工程奇迹，留下了无数动人的传说。2020年12月8日，"白沙溪三十六堰"入选2020年世界灌溉工程遗产名录，是生动实践生态文明思想的丰硕成果，也是婺城建设"重要窗口"中一项具有国际辨识度的标志性工程，成为婺城一张闪亮的"金名片"。

白沙溪蜿蜒盘亘在婺城大地，如同一条美丽的玉带，由龙桥映月、宝塔摇铃、白沙古堰、琅琊峰回、铁店遗韵、双湖烟雨、乌云桥渡、涧道雄关等组成的"白沙八景"犹如八颗明珠，闪耀辉映在白沙溪两岸，是沟通浙东唐诗之路和钱塘江诗路的重要纽带，沿线形成了以"三十六堰"为核心的治水文化、以铁店窑为核心的婺窑文化、以金华酒为核心的酒文化等互相交融的白沙溪文化体系。

《堰遇白沙》，以堰说事，图文并茂，彰显乡土风情、人文个性，集风景、意趣、韵味于一体，在"白沙"中"堰遇"魅力，望得见山、看得见水、记得住乡愁。

周国亭 研究馆员
金华市文史研究馆馆员

目　录

第一章　百里山溪水　流光总净涓

壹

I

目　录

第二章

石青横作堰
青横作堰
渚绿溉成田

贰

第三章　功补夏后阙
　　　　泽同郑渠遗

叁

目　录

第五章　拜水白沙堰　问道琅峰山

伍

目 录

第六章 润泽三吴地 波余两千年

陆

第一章

百里山溪水
流光总净涓

逝者如斯夫，不舍昼夜。
——《论语》

●图 1.1　"三江六岸"金华城　洪兵／摄

　　金华是一个与水相依的城市。身处这座城市发展
的历史长河中，每一个个体所能看到的、亲历的都十
分有限。正如面对白沙溪，伫岸远望，有时看到清流
急湍，有时看到平川缓流，但终究只是一时一地的片
段。若将这些片段相连，人们不难发现，白沙溪以南
山一隅的空间，奔腾在历史的长河中，至今川流不息，
实实在在地为这片土地的民众送来汩汩清流，并于时
间与空间的蜿蜒中界定金华的文化与地理，演绎地方
文化的浑朴范式——先有生态，后有文化。

第一节　白沙秀水　南山大美

白沙溪以水闻名。因溪水洁白如镜得名"白沙"，又以蜿蜒曲折似白龙，风吹细波荡漾似白鳞片片，又名"白龙溪"。❶白沙溪属于钱塘江上游婺江支流，倚靠南山的高山丘陵，享有得天独厚的地理条件和气候环境，两岸风景如画，春来翠绿可人，秋尽芦花飘荡。这一方山水，是白沙最鲜明的自然与人文符号。

❶ 金华县志编纂委员会. 金华县志 [M]. 杭州: 浙江人民出版社, 1992.

山川地理，因水而生

金华，位于江绍（江山—绍兴）断裂带上，处金衢盆地中部。市境内的东及东北方有大盘山、会稽山，南属仙霞岭，北及西北方接龙门山及千里岗山脉。

●图 1.1.1　琅峰山下　白沙欢歌　卓德强 / 摄

山地内侧散布着起伏相对平缓的丘陵，四周镶嵌武义盆地、永康盆地等山间小盆地，整体地势大致呈东北－西南走向，西面开口，由盆周向盆地中心呈现中山、低山、丘陵岗地、河谷平原四级阶梯式层状分布的特点。数万年来的地质运动，造就了南北两山对峙、中部平原丘陵相间、两山夹一川的走廊式地形。"巍巍北山入云霄，苍苍南山水潺潺"，南北两山如舒展的双臂，拥抱着这片土地。

北山，由东阳大盘山经义乌迤逦而来，海拔在1000米左右，主峰大盘山（尖），位于金华、兰溪交界处，海拔1312米。

南山，金华境内西南及南部诸山的统称，是仙霞岭自西南延伸而来的余脉。南山与北山相对而立，峰峦起伏，连绵不断，较之北山更显挺拔。《金华县志》对此有描述："（南山）自括苍山北来，凝结于此，高倍于北山，周四百余里，深邃幽远，千峰层矗，群岫萦纤，奇形异状，不可具述，乃府治之宾山也。"被括苍山山脉、仙霞岭山脉环抱的浙中丘陵盆地，自括苍山北麓凝结于金华。仙霞岭山脉从闽、赣交界的武夷山延伸入境，至武义县、婺城区南部和永康市境内，向东北延伸为大盘山和天台山脉。南山多为海拔1000米左右的山峰，位于金华婺城区西南的小金竹尖，海拔1336米，是婺城和遂昌两地的界山，也是金华市本级的最高峰。隔谷相望即为金华市本级的第二高峰小龙葱尖，海拔1324.3米。

●图 1.1.2 金华城与北山远景 洪兵／摄

●图 1.1.3 南山森林公园 卓文／摄

南山地质构成主要以火成岩和火山凝灰岩为主。现代地质研究成果表明，古近纪以来，该地火山与岩浆活动频繁，地壳运动以块状断裂为特征，造成这两种岩石分布广泛。参照《浙江省第二次土壤普查工作分类方案》，该地区土壤分为 6 个土类，13 个亚类，35 个土属，136 个土种。其中又以红壤土类分布面积最大，广布于区域内低山坡麓地带和丘陵上，土壤特征为"酸、瘦、黏"，可种植多种经济作物和粮食作物。同时，土层中高黏性的瓷土和高铁含量的红色粉砂岩储量丰富，为本地婺窑古瓷的发展提供了充裕的物质保障。

白沙溪发源于南山之麓。南山境内溪流水网密布，是从属于钱塘江水系的白沙溪、厚大溪与从属于瓯江水系的松阳溪、宣平溪的分水岭。山势大都缓慢延伸，陡坡、缓坡相间，山涧、河谷错落其间。由于地势南高北低，多条溪流自南向北流入衢江和金华江。水资源丰富，水流落差大，为水利发展提供了优渥条件。中华人民共和国成立后，安地水库、金兰水库、莘畈水库等一大批中小型水利设施先后落成于南山之麓。

独特的丘陵盆地地形，孕育了气候温和、雨量充沛、丛林密布、土壤肥沃的自然环境，造就了鸟语花香、马嘶鹿鸣、虎啸猿啼、野猪成群的原始天地。20世纪 70 年代末，就曾在金华市汤溪镇堰头村发现了恐龙化石。加之山坡及低山竹林分布广，深山多产林木、薪炭，河谷地带土层深厚，适宜发展农业，因此该地自先秦时期就一直是先民活动的中心区域，滋养了钱塘江流域的早期农业文明。

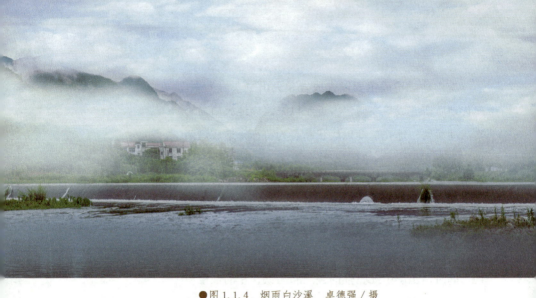

●图 1.1.4　烟雨白沙溪　卓德强／摄

❶ 林胜华. 婺文化熔铸浙江精神地标 [J]. 今古文创，2021（16）：111 112.

在距今五六万年前，金华方域就有"建德人"居住生活。❶ 坐拥得天独厚的地理环境，这里的人类从原始走向文明的脚步蹒跚却坚定。如今的地质研究表明，史前时期，杭嘉湖绍平原淹没在海水或河水中时，金衢盆地是浙江唯一的人类生活圈，目前在金衢盆地就发现了早期新石器时代遗址 18 处。

单就南山一隅来看，从现今已发掘的距今 2000 年前的冷水井山遗址、龙口遗址和山下陈古遗存，距今 3000 年前的贞姑山遗址和老鹰山遗址，直至距今万年前的山下周遗址、青阳山遗址、三潭山遗址等可以看出，这片区域不仅是浙江最早有人类居住之地，同时也是连续"不断史"地区。❷ 这些遗址大多坐落于海拔 40 米左右的临水低丘之上，这是先民为适应原始的生存模式而做出的选择，他们绝不缺乏智慧和勇气。

人类文明总是比人们想象的要久远。拨开堆积了

❷ 林胜华. 基于文化人类学的浙江姑蔑文化 [M]. 北京：中国社会科学出版社，2020.

近万年的历史沉淀，古老的营地里留有早期人类用木头柱子建造房屋的痕迹。先民在万年前已经开始走出洞穴、迈向旷野，在山坳溪滩的沙地上踏出最初的足迹。考古现场出土的各类原始陶器和石棒仍保留着最初的形状，特别是一块从山下周遗址中出土的夹炭陶片里，疑似稻谷的印痕刺激着现代人逐渐缩小的瞳孔。这动人的印痕，和其他上山文化遗存一起，将钱塘江上游乃至长江中下游人类的稻作史定格在了距今一万年前。

　　是的，丰腴的田畴扬起最初的稻浪，已然装点了一万年的春华秋实。

●图 1.1.5　白鹭春望　卓德强／摄

水文气象，因水而兴

白沙溪是婺江支流，发源于遂昌、武义界上狮子岩，小金竹尖和小龙葱尖矗立源头。

白沙溪上游奔驰于南山群山之中，水流湍急，水资源丰富。一股清泉从狮子岩飞浅而下，流经门阵，进入沙畈乡的小洋坑，流经芝肚坑至柿树岭，沿路接纳银坑溪等支流，共同汇集于沙畈水库，向北流经岭脚、周村、青草、辽头、山脚，入金兰水库，自此告别大山。溪水出金兰水库，过琅峰山下第二堰后，转而在平原地区穿乡过镇，流经低丘陵和平原地带，并形成后金、古方、寺后、让长、马海、叶店、临江等平原大畈，最后于临江后杜村汇入婺江。白沙溪流域是金华市重要粮棉产区之一。

白沙溪沿途汇入大小支流 30 余条，全长 68.3 千米，集雨面积 348 平方千米，其中在金华市境内长 55 千米，流域面积 320 平方千米，是金华南部仅次于婺江的重要河流。

白沙溪的源头在海拔 1324.3 米的小龙葱尖，源尾在海拔 31 米的婺江汇入口，白沙溪是连接金华的最高点与最低点的飘带。需要说明的是，正由于海拔落差大，导致水流湍急，不利于水资源的合理利用，古时两岸常受洪水肆虐和旱灾之苦。

●图 1.1.6　白沙溪　卓德强／摄

为了解决"水"的问题，百姓在长期生产实践中不断摸索，逐渐懂得利用水势落差，在溪流上拦水开渠灌田，这样的水利工程被称为"堰"，先后建成首含南山、尾跨古城，绵延 45 千米，水位落差 168 米，前后共计 36 座堰坝组成的长阶梯形堰群，成为全国稀有、浙江省最早的水利工程之一。自此，白沙溪隐去躁动，眉眼盈盈，陶罐陶盆的婺州窑里充满了稻米，飘出了金华酒的醇香，百姓迎来"每岁田禾无旱日，此乡农事有余秋"的美好。

就气候而言，白沙溪流域雨量充沛，季节变化分明，属于典型的亚热带季风气候。春末夏初，静止锋在本地区徘徊，形成连续阴雨的梅雨天气，夏秋季节一般晴热少雨。白沙溪流域年平均降雨量 1647 毫米，年平均流量 11.5 立方米每秒，年径流量 3.64 亿立方米，春夏之交降水尤为频繁，充沛的降水保证了白沙溪长年丰富的流量。大自然是慷慨的，自古以来，两岸百姓将水用于饮用、农业、城乡建设、航运、防洪、排涝、手工业、文艺创作等方方面面，继而创造出光辉灿烂的白沙文化。

自然风貌，因水而盛

　　白沙溪流域是金华生态系统的重要组成部分。复杂多样的植物群落，为野生动物提供了良好的栖息地，是许多鸟类、两栖类动物繁殖、栖息、越冬的场所，对提高城市物种多样性有重要作用，也为城市提供了充足的水源和良好的气候条件。

●图 1.1.7 五色田园   高和平／摄

人类社会为了生存和发展的需要，总会采取多种措施，对水资源进行控制和调配。水是城市的一张"金名片"，而金华被誉为"用矿泉水洗澡的城市"。有数百万人口的金华市，饮用水多赖于这条长度不足70千米的河流。白沙溪地下水涵养丰富，据统计，地下深层的红层裂隙地层，地下水量达2万立方米每日，年产水量730立方米，储水丰富。

●图1.1.8　春韵　吴潮宏／摄

两座掩映在青翠山峦之间的水库——金兰水库和沙畈水库，在白沙溪上被先后建成。这是现代建设者对水资源的保护和利用。沙畈水库集雨面积为131平方千米，总库容0.855亿立方米，以灌溉、供水为主；金兰水库集雨面积为270平方千米，总库容0.91亿立方米，以灌溉、供水为主。作为金华数百万市民的

"大水缸"，金兰水库在浙江省县级以上集中式饮用水水源地安全保障达标评估中被评为"省优"，并连续多年通过全国重要饮用水水源地达标评估。一条白沙溪串起了金华城区两大饮用水水源地，为流域形成白沙文化释放出巨大的能量。

●图 1.1.9　白沙溪"喀纳斯"　许毓坚／摄

2020 年，婺城南山省级自然保护区获批建立，成为浙江省面积最大的省级自然保护区。该保护区位于金华西南山区白沙溪源头，总面积 9532.6 公顷。该保护区地处生物区系过渡地带，是浙中生物多样性最丰富地区之一，且栖息、生长着众多珍稀濒危动植物，是目前发现的黄腹角雉、白颈长尾雉、黑麂共同

❶ 傅颖杰.织牢保护网挺起浙中"生态脊梁"[N].浙江日报,2021-10-13(8).

栖息的最北缘和永瓣藤在省内唯一分布点,具有较高的保护和研究价值❶。因此,该自然保护区的建立,对保护全省生物多样性,优化、完善自然保护区分布格局,构建生态安全屏障具有重要意义。

需要说明的是,在白沙溪三十六堰灌溉工程遗产体系支撑起的 1900 多年的农业开发过程中,灌区规模逐渐扩大,人口和经济规模显著增长,但生态环境并未恶化,反而改善了金华地区的水资源空间分布,增强了灌区生态的稳定性。这是一代代沿岸人民书写下的关于"绿水青山就是金山银山"的白沙答卷。

●图 1.1.10　白沙溪"喀纳斯"　许毓坚／摄

第二节 太末古治 沧海桑田

一方水土养育一方文明。扬州于越，姑蔑古国，春秋吴、越、楚，五代十国吴越国……"你方唱罢我登场"的历史演变，为白沙溪流域的文化形成提供了肥沃的土壤。而"吴根越角""楚头吴尾"的地理区位❶，使婉约儒雅的吴文化、激昂慷慨的越文化、柔媚浪漫的楚文化得以"三江交汇"。

❶ 林胜华，周国良.姑蔑文化考 [M]. 杭州：浙江古籍出版社，2018.

●图 1.2.1 《金华府城图》 清·吕焕章

姑蔑墟，太末里

目前的考古资料表明，金华地区的人类活动发轫甚早。先民于万年前的青阳山、山下周等地开启了稻作农业的文明，至五帝传说时期，属禹贡扬州，夏、商、西周三代属扬州之域的于越，春秋属姑蔑。❷

距今 2500 年前，在以今浙江省九峰山为中心的金衢盆地南山一带，存在过一个被称为"姑蔑"的部

❷ 林胜华，许苗苗.婺文化视野下的汤溪姑蔑源流 [M]. 北京：中国文联出版社，2016.

族。部族自中原南迁，最终于西周时期建立方国，姑蔑国范围大致覆盖今天的金华西面和衢州全境。"越子伐吴……吴大子友、王子地、王孙弥庸、寿于姚自泓上观之。弥庸见姑蔑之旗，曰：'吾父之旗也。不可以见仇而弗杀也。'"这段记录于《左传》中的文字，是姑蔑国在南山的文献记载源头。文末的细节引人注目——"哀公十三年"，即公元前482年。

史书上关于姑蔑的记载较少，仅《逸周书》《国语》《左传》《吴越春秋》等有零星记录，根据《国语·越语上》的描述："句践之地，南至于句无，北至于御儿，东至于鄞，西至于姑蔑。"可见，姑蔑就在越国西边，与越文化关系密切。可以想象，姑蔑作为一支重要的政治、军事力量活跃在吴越争霸的舞台上，成为"卧薪尝胆""西施入吴""鸟尽弓藏"等典故的注脚。公元前472年左右，姑蔑国被纳入越国版图。之后，约公元前306年，越为楚所灭，金衢盆地纳入楚国。楚被秦灭后，该地最终归于秦帝国，其境内的姑蔑族也逐步融入汉族。

自秦建立郡县制以来，金华行政建制的历史就是从乌伤、太末（也作大末）两县治中心向金华郡、州、路、府治中心聚合的过程。在这一过程中，白沙溪流域与县域归属经多次更迭。秦王政二十五年（前222），秦灭楚，统一了长江中下游地区，于吴越之地置会稽郡，并将金衢盆地分作东西两部分，分置乌伤、太末两县，同属会稽郡。今白沙流域属会稽郡之太末县。《婺遗续识》记载："太末故城在九峰山麓，水源自山际流出，蜿蜒而下兰江。"《汤溪县志》也有类似记载："太末县旧址在九峰山下，其城门街址，历历犹存。"当时县域颇广，今金华之西（汤溪），衢州市县，丽水遂昌、松阳和江西玉山县等皆在其内。

公元9年王莽始建国，改太末为"末治"。东汉建武元年（25），恢复太末县名。据《三国志·吴书·吴主传》记载："（黄武）五年（226）……秋七月，权闻魏文帝崩，征江夏，围石阳，不克而还。……分三郡恶地十县置东安郡。"其中"十县"即富春、建德、桐庐、新昌、新城、钱唐、临水、于潜、新安、太末。之后，太末县又先后归会稽郡、东阳郡管辖。

唐武德四年（621）罢郡置州，改会稽郡为越州，改东阳郡为婺州。分婺州于信安置衢州，析建德、太末地复置太末县。唐武德七年（624）废潃州，并定阳、须江、白石、太末四县入信安县，隶属婺州。唐贞观八年（634），从信安、金华二县析置龙丘县，以九峰山（即龙丘山）为名，白沙溪流域则属龙丘县管辖。唐咸亨五年（674），在衢、婺两江会合处从金华划出兰溪县，白沙流域由兰溪、龙丘县分辖。

五代吴越宝正六年（931），龙丘县更名为龙游县，并把县治西迁至如今的龙游境内。到宋、元时期，沿袭前制，白沙溪流域一直是龙游、兰溪分治。

明宪宗成化七年（1471），浙江承宣布政使司金华府设置汤溪县，将白沙溪流域划入。后直至中华人民共和国成立，白沙溪流域均隶属汤溪县。

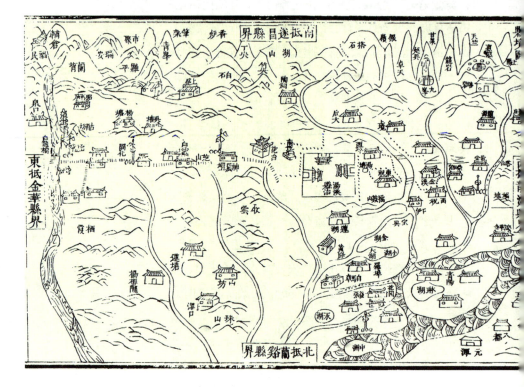

●图1.2.2　汤溪古城舆图　（图片出自中国社会科学文库）

　　1958年10月28日，经国务院批准，撤销汤溪县建制，将其并入金华县，白沙溪流域也并入金华县管辖。2000年12月，撤销金华县，设立婺城区和金东区，婺城区区域有所调整，白沙溪流域划属婺城区管辖。

辟田畴，勉稼穑

　　中华民族是一个善于在水边引发思考并付诸行动的民族，先民很早就懂得兴修水利是治国安邦的百年大计。

翻阅金华地方志书，目光从 317 年至 1911 年约 1600 年间的各类自然灾害记载中缓缓扫过。

永徽四年，夏，婺州大旱。

淳熙元年，婺州旱。七年、八年、九年旱亦如之。

绍兴五年五月，婺州大雨，溺万余人。

至顺元年，婺州大水，漂数千人。

至正十三年、十六年，婺州大旱。

永乐十四年五月，金华大水，夏大旱。七月，复大水。

弘治元年、二年、三年（金华）连旱。

顺治三年，金、东、义、永、浦、武、汤七县大旱。

康熙九年七月，（金华）洪水，通济桥坏。

康熙十年，金、东、永、浦、武、汤六县，五月至九月不雨。民有就食他乡，也有以土为粮，名叫"观音粉"。

道光十五年，自四月不雨至次年二三月，禾豆粟麦及杂粮俱无收。

……

水、旱成为出现频率最高的字眼。据不完全统计，仅两宋至明清，金华地区发生旱灾 460 余次，水灾 270 余次❶。水、旱灾害除了给人民带来直接的生命财产损失之外，还给以农耕种植为基础的农业文明带来沉重打击。"赤地千里"与"洪水万顷"都指向一个结局——凶年饥岁。再胆大包天的人，在历史和自然面前，也懂得谨慎和畏惧。

一部文明史，就是人类与自然灾害的抗争史，某

❶ 金华县志编纂委员会. 金华县志 [M]. 杭州: 浙江人民出版社, 1992.

种意义上也是一部治水史。白沙溪流域的文明进程，正是在与水的抗争、顺应、融合中日臻完善。

白沙溪三十六堰，是浙江省内最早的水利工程之一，也是丘陵地区的百姓抗旱、防汛、保收的"杰作"。随《浙江通志》《金华府志》《汤溪县志》等文献及现存碑文追溯，三十六堰始建于东汉建武三年（27），相传由退隐南山的辅国将军卢文台首建，后经两岸百姓不断修筑，最终于三国年间延续筑造完成三十六座堰。此后历代都有较大修缮、养护，至今水流通畅。三国时期，白沙溪流域周边二州三县八都逐渐发展为沃野千里、村庄密集、人口稠密、经济富裕的金、兰、汤三角地带。20世纪50年代末期，白沙溪流域成为金华市乃至浙江省重点产粮区之一。

●图 1.2.3　古堰新貌　吴潮宏／摄

1928 年 8 月，淫雨成涝，山洪暴发，琅峰山下的第二堰损坏严重。次年 12 月，由浙江省水利局主持，金华、汤溪两县组成董事会，筹资 8000 银圆，对第二堰进行重修，《白沙溪三十六堰》中明确记录了筑堰的工艺："乃于渠塍基脚挖深丈余，概用巨松横卧其下，间一巨松则打一竖桩夹之，其上用百余斤棱石交互叠砌，砌一层则用丈余条石牵制，面封石板，渎内涂以水门汀（即水泥）。"此次重修后，直至 1962 年改建为固定堰，30 年间基本完好无损。

时至近代，随着现代经济体制的改革、科学技术的发展、生产力水平的提高，为改善农业水利条件，1958 年，白沙溪大岩段筑起长坝，金兰水库破土动工，1960 年 9 月建成。1992 年，沙畈水库开始建设，1997 年基本建成。这先后建造的两座中型水库，库长共达数十千米，库区淹没了部分原有堰坝。时至今日，仍有 19 座堰继续发挥蓄水、泄洪、灌溉等功能。

金兰水库和沙畈水库于 1999 年被列为省级水源保护区，2002 年被金华市政府列为水源涵养与生态功能区，成为金华市区居民优质饮用水水源地，是金华人民引以为傲的水利工程。

2020 年 12 月 8 日晚 10 点，国际灌溉排水委员会第 71 届执行理事会公布了 2020 年（第七批）世界灌溉工程遗产名录，白沙溪三十六堰成功入选。

时光涤去历史的尘埃，灿烂的文明越发耀眼。

●图 1.2.4 鸟瞰金兰水库 吴潮宏／摄

白沙溪，万年流

从绵延起伏的南山腹地，到一马平川的婺江河畔，白沙溪蜿蜒过不知多少座山，绕过多少道弯，横添了几多奇幻。当然，这可以在历史的典籍中搜寻答案。

《寰宇通志》为明朝官方编纂的地方总志，《大清一统志》是清朝官方编纂的地理总志。两本书为彰显统一之功，都载有全国山川地貌、政区民情等信息。

●图 1.2.5　云海深处有人家　傅卫明 / 摄

白沙溪：

《寰宇通志》以美妙的文字点明"白沙溪"一名的由来："其溪出白沙，如霜雪。"

南山：

《大清一统志》勾勒南山的地理轮廓："在金华县南三十五里，高数千仞，周四百余里，脉自括苍山来，深邃幽远，千峰层蠹，高入云表，阴崖积雪，经春不消，其最高之巅曰箬阳。去县百里，上有龙湫，名三断水。三断之水，有大溪小溪……"桃花峰、周辽岗，俱在县，极南界非人迹所常至。

●图1.2.6　五峰相连，形似"笔架"，当地人称为笔架山　卓德强／摄

石门山：

《大清一统志》记："在金华县西南二十五里，有石对峙如门，水乘高而下者三级，俗谓之龙门。"

玉筍山：

《大清一统志》记："在金华县西南二十五里，山有石人峰，高三百余丈。相近有沐尘山，一名候尘山，高七百余丈，东西各有石人峰与玉筍石人并称三峰。"

福民山：

《大清一统志》记："在汤溪县东南四十里，高数百丈，峰峦秀拔，林木蓊郁，上有层楼，远见数百里。"

辅仓山：

《大清一统志》记："在汤溪县东南六十里，接遂昌县界，相传汉时卢文台曾耕于此，亦名卢坂，白沙溪水出此。"

香炉山：

《大清一统志》记："在汤溪县东南五十里，众峰环列，卓然特起，为县望山。"

铜山：

《寰宇通志》中有记："在金华县东二十里，此山出铜，东阳记山下有泉，色洁白，号铜山泉。"《大清一统志》所记与之相似："（铜山）在金华县南三十里，山下有泉，水色鲜白，号曰'铜泉'。旧志下临南溪，旧产铜。"

龙丘山：

龙丘山即九峰山，《大清一统志》记："山在汤溪县南十里，高数百丈，峰峦秀拔，岩洞玲珑。昔龙邱苌鄮去奢，皆居其下。县志，一名风子山。士人以为即龙邱山也。"

白沙堰：

《大清一统志》记："在汤溪县东三十里，相传汉卢文台所开，首衔辅仓，尾跨古城，共三十六堰，灌田千万亩。其第十九堰，涧一百余丈，水分六带，灌田尤多，因名曰'第一堰'。"

卢文台墓：

《大清一统志》记："汉卢文台墓在汤溪县南四十里白沙原。"

第二章

石青横作堰
渚绿溉成田

 上善若水，水善利万物而不争。

——《道德经》

●图 2.1　亲水白沙溪　胡永辉／摄

　　白沙溪声誉八婺，名出三十六堰。今天的人们看白沙溪三十六堰，不是端详 1900 多年前的标本，而是细阅生长了 1900 多年的生命。1900 多年的沧海桑田，躁动付之于规整，志忑付之于期盼。1900 多年始终活着，呼吸顺畅、吐纳均匀，是何等壮阔的生命！

第一节　文台开凿　筑堰白沙

　　谈起金华的历史文化建筑，世人皆知八咏楼、古子城、侍王府、万佛塔等。这些古迹华丽地聚集于城市中心，展现了一座历史文化名城令人叹服的精绝工艺和人文底蕴。可惜的是，时至今日，它们原本的社会功能已大多废弃。

　　人们将目光从城市中央转向南山谷地。早在婺州大地设立长山县的170多年前，一个了不起的工程在南山的溪谷平原上悄然兴建。它表面看去不如八咏楼恢宏，但直到今天还执掌两岸百姓的生计，这不能不说是个奇迹。一查履历，那些名声显赫的古迹竟然还是它的后辈。

●图2.1.1　原浙江省省长李丰平题写「白沙堰」石碑　卓德强／摄

创开圳道，以潭筑堰

白沙溪流域自古以来就是浙江中部的主要产粮区，此间百姓多以种植水稻、小麦、油菜为生。在近代未曾兴建中小型水库之前，这里绵延数万顷的农田，完全依靠白沙溪自上而下的 36 座堰坝灌溉，把溪流蓄积成一湾湾滞流之水。民众遂将这一道道堰坝统称为"三十六堰"。

相传，东汉建武三年（27）辅国将军卢文台率部 36 人从中原宜阳退隐南山亭久，于崇山峻岭中垦辟田畴，他发现这一方拥有悠久的稻米种植历史的土地，常受水旱灾害困扰。于是，卢文台在对白沙水系和山川地貌做了大量实地调查后，运用"以潭筑堰，引水灌田"的方法，率领部将和百姓在白沙溪上筑堰，名白沙堰，后因位于高儒村旁，故名高儒堰。

卢文台首建白沙堰，再建停久堰，开启了三十六堰建设的序幕。此后 200 多年间，当地老百姓继续传承白沙堰的实践经验，陆续修筑堰坝引水灌溉，完成了从沙畈堰到中济堰，横跨 45 千米，水位落差 168 米，共计 36 座堰坝的梯级堰群，灌溉两岸肥沃良田近 30 万亩，是维系当地百姓生存的根基。

1960 年 9 月，一座坝长 712 米，高 44.6 米，库容 6800 万立方米的中型水库——金兰水库建成，水库大坝正在第一堰的堰址上，灌区范围增加至 2 个县的 20 个乡镇。1997 年，金兰水库上游 20 千米处建成沙畈水库，沙畈水库大坝正建在三十六堰首堰沙畈堰的古堰址之上。

●图 2.1.2 "高峡出平湖"——沙畈水库 吴潮宏 / 摄

　　从第一堰到金兰水库，从沙畈堰到沙畈水库，古
人和今人的治水智慧奇妙而完美地重合，筚路蓝缕、
开拓创新的治水精神，在这片土地上生生不息。

开渠引水，泽被两岸

　　白沙溪三十六堰，于东汉初期首筑，三国时期陆
续建成。风云变幻，时光淘洗，目前仍有 21 座古堰
发挥着引水灌溉作用，是浙江现存最古老的堰坝引水
灌溉工程。自最上游的沙畈堰到婺江交汇口附近的中
济堰，36 座堰如瓜藤蔓延，次第展开❶。

❶ 张柏齐，崔士文. 白
沙古堰的历史与传说
[M]. 杭州：浙江工商大
学出版社，2013.

沙畈堰：

沙畈堰原堰位于沙畈乡沙畈村南的龙嘴潭。由于独特的盆地地理环境，此地有数十条山脉支流汇合集雨，水资源充沛，可谓占尽天时、地利，引潭水可灌田 110 亩。1992 年修建沙畈水库，水库大坝就建在沙畈古堰址之上。

青龙堰：

青龙堰俗称大坟头堰，位于岭脚村，堰高 1 米，长 40 米，引大公潭水，灌注溪东岭脚南皮头畈田 20 亩。1999 年改建成"堰、桥"结合两用的混凝土结构堰。

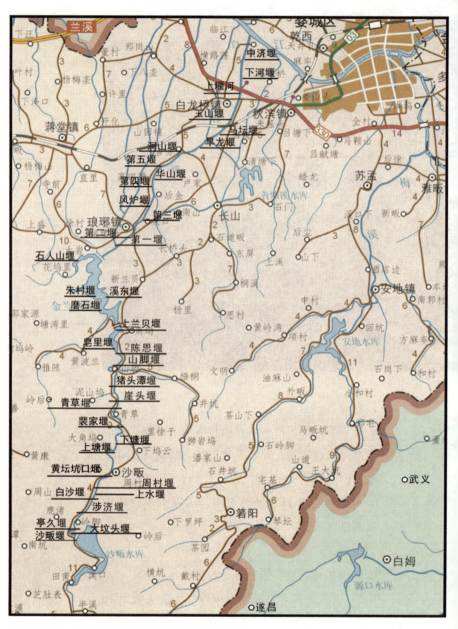

●图 2.1.3　白沙溪三十六堰分布图　崔士文／制

●图 2.1.4　今天的沙畈水库大坝，正是沙畈堰的旧址　卓德强／摄

亭久堰：

　　亭久堰又称辅苍堰，俗称新路下堰，位于沙畈乡亭久村。引六苟潭水入小溪，流百余米筑堰引水入渠，注溪西，灌田 500 余亩。1975 年建柴油机埠，增灌高儒、停久高沿田 200 亩。1979 年改装电动机为二级提水，1982 年改二级为一级，装机 24 千瓦。兴建沙畈水库后，改建为混凝土结构堰。

●图 2.1.5 亭久堰 卓德强／摄

涉济堰：

涉济堰又名岭下堰，即岭下畈之进水堰。《虞氏宗谱》载："有田百余亩，清康熙二十八年（1689）至乾隆十五年（1750）为虞士惠名下。后筑防洪堤成，设宴庆祝。不久，洪水毁田，堰废。"现已改建为水电站。

白沙堰：

白沙堰，相传为卢文台首建，位于高儒村。有民国《汤溪县志》记载："封昭利侯卢文台所开首堰又名高儒堰。"1975 年渠首为洪水所毁，1978 年重建，易名小溪里堰，原堰高 1.7 米，长 70 米。灌溉溪西停久、高儒二村田 700 亩。2012 年 5 月改建成混凝

上水堰：

上水堰位于沙畈乡东边南。水东注，灌东边、高儒、岭脚、酒店四村农田 170 亩。下游为下水堰，从东边西北进水，注溪东，为上水堰补充水量。

周村堰：

周村堰位于天宁寺前横山头潭下。水东注，灌溉大麦滩、周村畈田，堰高 1.2 米，长 80 米。1977 年新开溪滩田 350 亩，建成三级电灌机埠，后扩大灌溉，共受益 850 亩。2012 年 5 月改建成混凝土结构堰。

黄坛坑口堰：

此堰位于黄坛坑口。原为小堰，由沙石临时筑堰灌溉农田。注溪西，灌田 20 亩。1951 年赛畈村新开渠道，加大堰坝，高 1.5 米，长 80 米，增灌田 200 亩。

上塘堰：

上塘堰又称上水碓堰，位周村前。水东注，主要作水碓动力之用，亦灌少量溪滩田。1953 年水碓毁、堰废。2011 年改建为混凝土堰。

下塘堰：

下塘堰也称下水碓堰，位于周村前，与上塘堰只一潭之隔。主要为下水碓动力供水，亦灌水碓后田 5 亩。1975 年洪水，河床改道，水碓和堰均毁。2011 年改建为混凝土堰。

裴家堰：

裴家堰位于裴家潭下。灌溪西青草溪前畈田 32 亩。现已不存在。

青草堰：

青草堰位于沙畈乡青草潭下。堰高 2 米，长 90 米。水东注青草畈田 67 亩，中华人民共和国成立后新造农田 22 亩，共灌田 89 亩。

崖头堰：

崖头堰在民国之前称社头堰，位于青草北、下坞潭下。水西注辽头村崖头畈田 26 亩。

猪头潭堰：

此堰位于辽头村猪头潭下，俗称辽头会堰。注溪西辽头村下田 75 亩。现已改建成桥、路、堰"三结合"的混凝土结构堰。

山脚堰：

山脚堰位于山脚村下溪沿。水西注横峃上田。1964 年建公路山脚桥，堰废。

●图 2.1.6　周村堰　卓德强 / 摄

●图 2.1.7　裴家堰　卓德强 / 摄

●图 2.1.8　猪头潭堰　卓德强／摄

●图 2.1.9　金兰水库的碧波下，藏有皂里堰、上兰贝堰、磨石堰、朱村堰、溪东堰、石人山堰等 6 座古堰遗址，图为金兰水库一景　卓德强／摄

陈思堰：

陈思堰又称陈思坞潭堰，亦称大堰。位于山脚西陈思坞潭下。堰高 1 米，长 90 米，水西注中央滩、皂里畈、泥山坞、辽头、山脚、皂里等村田 130 亩。

皂里堰：

皂里堰位皂里南，皂里潭下。水东注人家畈下田 10 亩，有水碓一座。兴建金兰水库后，原堰和水碓都被库水淹没。

上兰贝堰：

上兰贝堰位于皂里殿口。原有水碓，灌田须经李村附近用牛拉水车提水，灌上兰贝石桥头上田 25 亩。现碓、堰均被金兰水库库水淹没。

磨石堰：

磨石堰位于妙康口。水东注磨石畈及石堂头上，灌田近 100 亩。现被金兰水库库水淹没。

朱村堰：

朱村堰位于朱村人家上"石鸡舍"，水西注，灌村下田。现被金兰水库库水淹没。

溪东堰：

溪东堰位石堂下。水东注，灌田 25 亩。现被金兰水库库水淹没。

石人山堰：

石人山堰位坛头殿附近。水东注，灌田上十石、下十石。现被金兰水库库水淹没。

●图 2.1.10　今天的金兰水库大坝建在原第一堰堰址上，这是古人与今人治水智慧的"重合"，图为金兰水库一景　卓德强／摄

第一堰：

第一堰俗称千年堰，金兰水库大坝即建在第一堰原堰址上。原堰址位于琅琊镇山后金村，燕山下与乌龟山之间的千年角潭。这是三十六堰中规模最大的堰，据民国《汤溪县志》记载："何以名曰第一也？盖各堰所注其田不过百亩而止，其地不过一二里而遥，独此堰灌注本县金乡水分六带周方二百余里，其田不知几十万亩，源远流长，荫多利薄，故名曰第一。"据

记载，原堰高 4 米，全长 60 多米。水西注，灌溉杨塘下、直里、开化、泽口、下杨等乡村农田 2.4 万亩。1953 年 3 月至 1954 年 7 月，第一堰建成双孔进水闸一座，新开渠道 108 米，加深总渠 600 米，建陡门 1 个，防洪堤 1 道。受益琅琊、古方、下杨（今并入古方乡）、金兰、镇江（二乡今合并为临江乡）等 5 乡（今为三乡），22 个村，灌田 3.2 万亩，旱地改水田 600 亩。兴建金兰水库后，1962 年 11 月，第一堰修建成混凝土砌石堰，堰长 38 米，高 1.2 米。引水电站尾水进水闸，至江头，分水入麻吉垄水库。自堰口至郑岗山水渠 6.9 千米，经拓宽加深，上游设计可通流量 4 立方米每秒，灌溉面积增加到 4 万亩。

第二堰：

第二堰位于琅琊镇琅琊徐村东琅峰山下。水东注泉口、长山等畈，并引水入清塘水库，灌田 3 万余亩。1928 年山洪毁泉口村渠塍百余丈，于是建木枧以通其流，在渠塍基脚挖深丈余，用巨松横卧其下，并打桩固定，用百余斤棱石交互叠砌，砌一层则用丈余条石牵制，面封石板，渎内涂以水门汀（水泥）。1961年泉口村渠塍又毁于洪水，县人民政府拨款重修。1962 年 12 月，将该堰改建成混凝土堰。堰长 100 米，高 1.4 米，顶宽 1 米，底宽 3 米。堰坝东端建排沙闸 1 孔，进水闸 1 孔，宽 3 米。整修引水渠 5.7 千米，设计可通流量 3 立方米每秒。灌溉面积扩大到 3 万余亩。1996 年 12 月 28 日被批准为县重点文物保护单位。2011 年 1 月 7 日被批准为省级重点文物保护单位，堰址旁立有石碑。

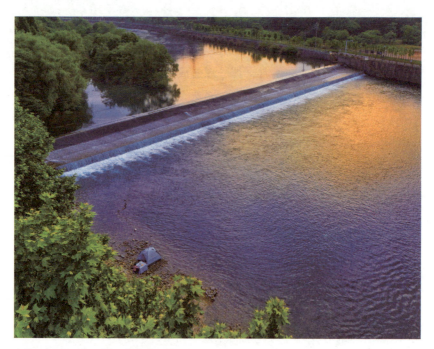

●图 2.1.11　第二堰　卓德强 / 摄

●图 2.1.12　文台堰　郑过江 / 摄

第三堰：

第三堰又称文台堰。原位于琅琊镇新殿下南。水东流后金、马坦黛村。有内、外二堰，外堰为溪西高塍村上进水堰。内堰潭水位降低，上水困难，经常用龙骨水车或抽水机提水。1968 年在东山潭修建河卵石堰坝，引第二堰水灌溉农田后，外堰逐渐失去功用。

风炉堰：

风炉堰古称常熟堰，又名风流堰，位于琅琊乡东铺村南。受益古方、临江二乡，并为塂力垄水库进水堰。原堰系篾笼大河卵石临时性建筑，屡毁屡修。1978 年至 1979 年，建成水泥块石堰。堰长 115 米，高 1.3 米，顶宽 1.3 米，底宽 2.3 米。双孔进水闸 1 座，并采用干砌块石水泥沙浆勾缝，护砌渠塍 5 千米。设计可通流量 4 立方米每秒，受益田 2 万余亩。后经两次重修，加阔成混凝土道路，建成堰、路两用可通汽车的公路堰。

第四堰：

第四堰位于白龙桥镇卢头村东，水西注。由于河床较高，防洪堤底建有涵洞，可引水入白沙溪古道，灌田 600 亩。2008 年改用为堰、路两用混凝土堰，可通小车，益古方、后杜、新昌桥村。

华山堰：

华山堰古称师姑堰，位白龙桥镇古方乡幽兰里西。从华山潭进水，水东注幽兰里、古方等村农田 250 亩，为砂卵石临时筑堰。

第五堰：

第五堰位白龙桥镇古方村东，水东注。自智显寺（寺废）进水，经天姆山至让长，灌田1000余亩。下游与第二堰、旱龙堰同灌区。堰长70米，高1米，从1960年的篾笼河卵石堰后沿用沙卵石临时堰。

洞山堰；

洞山堰位白龙桥镇新昌桥村洞山脚下。山上有一座六面体形，砖石结构的空心塔，名洞山塔，共7层，高30米，造型宏伟秀丽，建于明万历二十三年（1595）。洞山堰有内、外二堰，内堰自洞山潭进水，堰长25米，高1米，为混凝土结构，灌新昌桥、大圩村农田600亩。外堰高1米，长40米，灌古方、新昌桥农田800余亩，为沙石料临时筑堰。

●图2.1.13　洞山塔与洞山堰，一堰一塔，相应成景　卓德强／摄

旱龙堰:

旱龙堰又称岸龙堰。位于白龙桥镇新昌桥村东,水东注。1947年由金华江水利工程处设计建造篾笼河卵石堰和七座篾笼河卵石防洪丁坝防洪堤。1963年,改建混凝土堰,从此解决了屡筑、屡修、屡毁的问题。堰长140米,高1.4米,自瓦灶头进水,分一支至东里、大淤,一支至让长乡,灌田3000亩,下游与第五堰同灌区,为当时金华县内最长的混凝土堰。

万潭堰:

万潭堰又名马坛堰,位于新昌桥东。灌溉东里、大淤二村。据《万潭堰帖》载:"万潭一堰,分作十二甲各立甲长,每年以五月初一为始,十二日一轮,周而复始。"并附有分水地形布局图。1963年上游旱龙堰改建成混凝土堰后,引用旱龙堰水灌溉,万潭堰废,灌溉渠渎继续发挥其功效。

●图2.1.14　旱龙堰　吴潮宏／摄

●图 2.1.15　玉山堰　卓德强／摄

玉山堰：

位于白龙桥上游玉山脚下。明嘉靖十二年（1533）曾重修一次。中华人民共和国成立后，于 1954 年改建成混凝土块石堰。1965 年 12 月重修，堰长 92 米，高 2 米。灌溉白龙桥、叶店、东俞等村田 3000 亩。东俞村祠堂内保存着乾隆三十八年（1773）《玉山堰碑》石碑。

上河堰：

位于临江村东南。堰长 50 米，高 0.5 米，灌溉临江上畈农田 800 亩。为泥砂卵石临时堰，现改建成临江橡皮堰。

下河堰：

位于临江南东。与上河堰同一堰，而另一堰口进水。两堰口上下游相距 20 米，灌溉临江下畈农田 600 余亩，现改建成临江橡皮堰。

中济堰：

中济堰为三十六堰之末，旱时无水。水东注东俞村，灌田 20 余亩。1954 年，上游玉山堰改建后，引玉山堰水灌溉，中济堰废，仅留一溇口。

第二节　民间治水　代有延承

以灌溉文明为特点之一的农耕文明是华夏文明产生、发展和延续的重要基础，因而水利工程建设一向被历朝历代统治者视为"以民为本"的国家战略❶，如都江堰、灵渠、京杭运河等，中国这些足以傲视全球的水利文化遗迹往往具有历史的层垒性——它们总是被代代扩展，代代完善，直到今天仍然无怨无悔地为百姓提供庇护和濡养。

其中，也包括三十六堰。

❶ 朱学西. 中国古代著名水利工程 [M]. 北京：商务印书馆，1997.

东汉·发端

今天的历史研究成果使人们确信，白沙溪三十六堰始建于东汉，且归功于卢文台。

东汉建武三年（27），南山的谷坞里出现了一支当时看来并不惹人注目的马队。卢文台带领其部将 36 人从宜阳退隐至金华南山辅苍（今沙畈停久村），垦荒种地，开辟田畴，自食其力。卢文台，字高明，幽州（河北）人，据传为东汉辅国大将军。

南山地处丘陵，"晴则旱，雨则涝"，在很长一段时间内，旱涝成为这片土地丰收的最大威胁。从东汉永平三年（60）开始，卢文台带领部将和当地百姓，利用沿岸丰富的山石、毛竹、松木等资源，依据水势落差，创造性地用"以潭筑堰，引水灌田"的方法首筑白沙堰，喜获丰收。

●图 2.2.1　卢文台画像　（图片出自《白沙志》）

白沙堰的建造开启了三十六堰工程的修建，为后世百姓延续修堰提供了丰富的实践经验。据明清两朝《金华府志》记载："白砂（沙）堰广一丈二尺，长六十里，在十都。"白沙溪流域逐渐形成规模宏大的梯级群堰，一个集灌溉、防洪、抗旱、航运为一体的综合性水利工程在浙中大地显现雏形。

魏晋·续修

三国、魏晋及南北朝时期，南方农业文明迈出的脚步沉稳而坚定。

可以说，南方的开发过程几乎等同于农业的开发过程。此间数百年，北方人口大量南迁，中原先进的农业技术和农业生产工具被带到了南方广袤的丘陵原野，使江南农业生产由粗放型逐步向精耕化迈进。不断提高的生产力和持续扩大的农耕区都在呼唤能够排涝解旱的水利工程。魏晋南北朝时期，长江下游的钱塘江流域、太湖流域、杭州湾南部正是全国水利建设最为集中的区域。❶

❶ 浙江省水利志编纂委员会.浙江省水利志[M].北京：中华书局，1998.

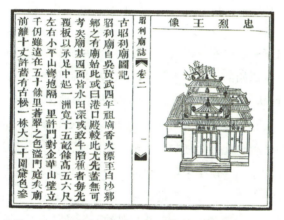

●图2.2.2 昭利庙画图 （图片出自《昭利庙志》）

三国孙吴时期，白沙溪流域的百姓为战胜干旱，使水流可以多级利用，通过长期的生产实践，开创了在河道拦水开渠灌田之法，这种水利工程被称为"堰"。百姓的勤劳与智慧在当年即获回报——赤乌元年（238）金华地区大旱，周边多县禾苗枯焦，颗粒无收，而白沙溪流域因受三十六堰堰水灌溉，仍获丰收。赤乌二年（239），百姓为感念卢文台修筑三十六堰的恩德，奏请吴王孙权修建白沙庙，并立庙

❶ 金华县志编纂委员会. 金华县志 [M]. 杭州: 浙江人民出版社, 1992.

于白沙卢村边, 尊称卢文台为"白沙老爷"。白沙庙也是金华建造最早的庙宇之一。❶

隋唐·伸展

在魏晋南北朝的基础上, 隋唐五代时期的南方水利有了更进一步的发展。

隋唐时代, 北方移民大规模、长时段的南迁为南方的农业开发补充了亟需的劳动力。加之地方政府的重视和支持, 京杭运河、绛岩湖、它山堰、捍海塘等一批水利工程破土兴建, 南方农田水利事业发展迅速。量变引发质变, 古人在对海塘、湖堤的修筑中, 完成了从原始的土塘、土石塘, 到石塘、桩石塘的更新换代。从全国范围看, 江南核心农耕区的地位逐步确立。

白沙溪畔琅琊镇杨塘下村是唐代尚书滕珦的故里。他自地方官任起, 直至两部侍郎、尚书。滕珦晚年居于白沙溪十余年, 用泥土和石块"写诗", 展现出一个"水利专家"的风姿。《滕氏宗谱》中有详细的记录, 载滕氏家族带头捐献银两, 动员百姓, 兴修水利, 修渠筑堰, 同时呈请朝廷拨专款支援地方兴修水利。

丘陵山地和条件较好的平原地区被开发完毕之后, 南方大规模的农业开发就开始向湖泊、沼泽地区迈进, 以浙江为中心的钱氏吴越国走在了前列。在宋人单锷编写的《吴中水利书》中就有过统计, 吴越在腹地水田和沿海旱田地区开辟的横塘纵浦有260多条。❷

❷ 徐臣攀. 汉唐时期农耕区拓展研究 [D]. 西安: 陕西师范大学, 2016:05.

●图 2.2.3　滕氏宗祠（原名种德堂），位于琅琊杨塘下村，始建于明嘉靖十七年（1538）　朱劲涛／摄

　　钱氏治国，自治水始。钱镠动员 20 万人力，在钱塘江修建捍海塘，杭州"城基始定"。其中，一个筑造细节引人注目——以竹笼填塞巨石横以作塘，又以巨木为柱加以固定，这与白沙溪三十六堰"篾笼装石、松木打桩"的修筑方式不谋而合。

　　从卢文台到钱镠，从钱塘江流域上游的南山溪涧直至入海处的碧波万顷，身处不同时间与空间，先民在水边引发的思考和行为竟是如此的"英雄所见略同"。吴越天宝元年（908），钱镠敕封卢文台为保宁王，书曰："屏汉室作之奸宄，救吴田之干旱。"

宋元·功茂

　　两宋时，江南地区已然成为全国的经济、文化中心。江南地区河港纵横，环江抱海，农业发展面临的最大困扰就是旱涝。"治国必先治水"，要想成为江南的世禄之家，首先需成为"水利专家"。对此，宋神宗一语道破："灌溉之利，农事大本"。

今天的人们通过统计北宋熙宁三年（1070）至九年（1076）间全国水利设施的数量及其灌溉田亩数，发现南方的水利设施数量已远远地超过了北方，又以江南地区的两浙路最多。❶面对臣僚和民间关于农田水利方面的上言或奏请，庙堂大都欣然"从之"，水利建设在宋代方兴未艾。

❶ 齐芳芳. 宋代农田水利管理法律制度研究[D]. 南京：南京师范大学，2017:05.

●图 2.2.4　宋·王淮《白沙溪遗兴》碑刻　卓德强／摄

南宋时期，中国文化、农业、经济、民生各方面文明的精华都集中到江南。金华毗邻京畿，农业水利发展颇受关注。宋孝宗一朝丞相王淮，曾实地踏勘白沙溪。这位在政治上主张以民为本、润泽苍生的丞相，对同样有利百姓、滋养万民的三十六堰投以深情的目光。在考察白沙溪流域农业发展情况之后，他写下"每

岁田禾无旱日，此乡农事有余秋"的诗句。政治的润
泽和水利的滋养促进了农业的发展。

　　在政府的倡导和鼓励下，官员和百姓都积极参
与到水利兴建和治理中来。南宋淳熙年间（1174—
1189），金华县丞江士龙令耕农出力，田主出谷，修
筑官私塘、湖等蓄水工程。《汤溪县志》也有对相关
事件的记载："宋人杨荫，以子通贵赠大中大夫，慷
慨有为。白沙溪第一堰淤塞已久，荫率众开浚，被及
一方，厥功茂焉。"历年的修浚得到回报，金、兰、
汤成为婺州田赋缴纳的重点地区。

●图 2.2.5　白沙溪旁农田　高和平／摄

水利疏浚推动航运发展。宋元时期白沙溪两岸窑口众多，工匠烧制的婺州窑瓷器随水路远销海内外，其中也包括日后震惊中外的铁店窑瓷器。经济发展一片繁荣，地方文化蓬勃发展。

明清·兴业

承接汉、唐、宋、元经营南方的家底，明清时期的江南地区是庞大帝国的赋税支柱，水利实践在其中发挥的作用举足轻重。

明清两朝建都北京，而经济重心一直在南方，因此南北方的水运贯通就成为当时水利发展的重中之重。时至今日，南水北调的工程仍然是我国水利建设的重要内容。

虽然这一时期的水利技术无重大突破，但在运营管理的精神建构上颇具气象。明成化六年（1470），金华府衙刊布榜文《兴建水利以养民生》，规定不许"撑放排扇""放舡捕鱼""拆坏堰道"，违者"许容指名呈究"。今天的洞山堰下，一块残缺不全的石碑上刻有"钦命浙江分巡金衢严道水利事务……加五级记录十三次"的碑文。而明代赵崇善撰《白沙水利碑记》，其中也有关于当地百姓修缮第一堰的相关记载，至今仍有许多维修养护经验值得借鉴。

官府和民间为规范用水秩序，建立起一套行之有效的规章制度，明清两代至今有文字可查。其中，清光绪三十四年（1908）重修的《万潭堰帖》，记录有康熙、雍正、光绪年间当地政府调解村民用水纠纷的文告，以及合理分配三十六堰的协议书。这些约定俗成的用水制度，旨在使村村有水可用，人人得享清流，因而被两岸百姓自觉遵守和维护，成为人文精神的象征。堰规与堰帖，是那个时代百姓与执政者对共荣共富的践行。

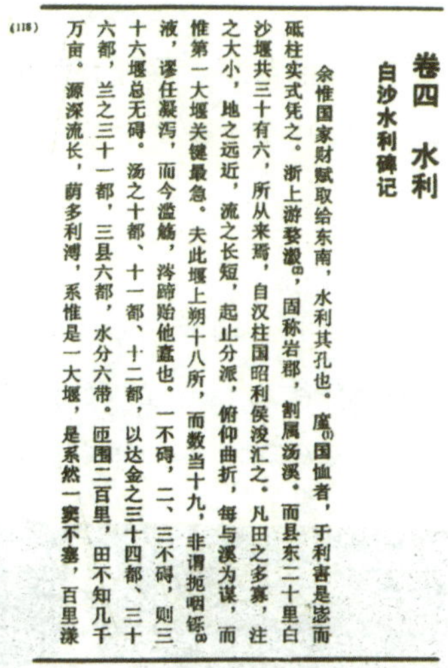

卷四　水利
白沙水利碑记

余惟国家财赋取给东南，水利其孔也。庵⊙仙者，于利害之澎而砥柱实式凭之。浙上游婺潦⊙，固称岩郡，而削属汤溪，而县东二十里白沙堰共三十有六，所从来焉，自汉柱国昭利侯浚汇之。凡田之多寡，注之大小，地之远近，流之长短，起止分派，俯仰曲折，每与溪为谋，而惟第一大堰关键最急。夫此堰上朔十八所，而数当十九，非清抱咽哝液，逶任豁泻，而今澄豁，潡踌贻他盖也。一不碍、二、三不碍，则三十六堰总无碍。汤之十部、十一部、十二部，以达金之三十四部、三十六都，兰之三十一都，三县六部，水分六带，匝围二百里，田不知几千万亩。源深流长，蔚多利泽，系惟是一大堰，是系然一爽不蒙。百里溁

●图 2.2.6　《白沙水利碑记》（部分）（图片出自《白沙志》）

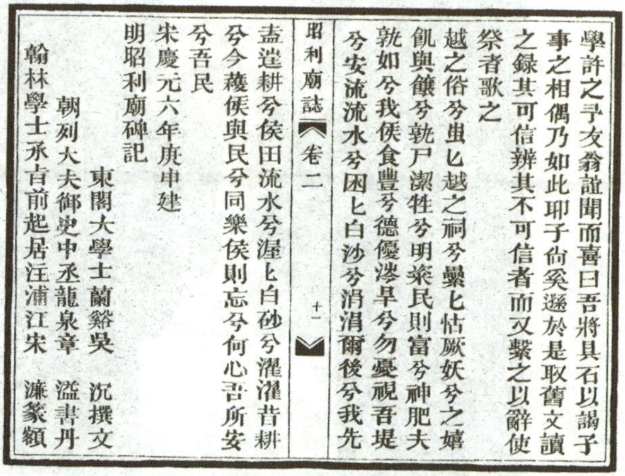

學許之亏友翁誼聞而喜曰吾將具石以謁子事之相偶乃如此卯子尚焭遂於是取舊文讀之錄其可信辨其不可信者而又繫之以辭使祭者歌之
越之俗亏蟲乙越之祠亏蠶乚怙厥妖亏之嬉飢與饢亏勤尸潔牲亏明綦民則富亏神肥夫乹如亏我侯食豐亏勿褻視吾堤亏安流流水亏困乚白沙亏涓涓爾後亏我先

昭利廟誌《卷二》　十一

盡造耕亏侯田流水亏渥乚白砂亏溉灌昔耕亏今穰俟與民亏同樂侯則忘亏何心吾所安亏吾民
宋慶元六年庚申建
明昭利廟碑記
翰林學士承古前起居汪浦江宋濂篆額
朝列大夫御史中丞龍泉章溢書丹
東閣大學士蘭谿吳沈撰文

●图 2.2.7　《明昭利庙碑记》（部分）（图片出自《昭利庙志》）

当人们把目光更多地转向民生和环境的时候，水利的人文价值便凸显出来。明洪武元年（1368）所作《明昭利庙碑记》，由"明朝开国文人之首"宋濂篆额，东阁大学士吴沉撰文。"郑渠白渠，专美靡许。泛我清泉，渥我稷黍。"当时全国顶尖的三位文人将卢文台和三十六堰的故事汇聚成普照山河的精神之光，携手完成了这项历史文化的复原工程。

现代·芳华

中华人民共和国成立后，把水利建设放在恢复和发展国民经济的重要地位，水利建设进入飞跃发展时期，成为社会经济发展的坚实保障。❶

❶《金华县水利志》编纂委员会. 金华县水利志[M]. 杭州：浙江人民出版社，1994.

●图 2.2.8 金华县曾被评为全国水利建设先进县，图中为国家水利部授予的奖杯 （图片出自《金华县水利志》）

20 世纪 50 年代，白沙溪流域金（华）兰（溪）汤（溪）地区成为金华的重点产粮区。一系列与之相关的水利建设和改造工程装点着丰收的田野：1954 年完成白沙第一堰改建工程；同年玉山堰改建为固定堰坝；1961 年白沙溪第二堰改建工程完工。

●图 2.2.9　金兰水库大坝及泄洪道　（图片出自《金华县水利志》）

1960 年 9 月，"大手笔"在南山中书写。一座坝长 110 米，高 44.6 米，蓄水 6800 万立方米的金兰水库建成。库区淹没了三十六堰中的皂里堰、上兰贝堰、磨石堰、朱村堰、溪东堰、石人山堰等共 6 座堰。同时，利用当地低丘缓坡的地势落差，相关部门相继兴建了 88 座小型水库，改造第一堰、第二堰、风炉堰、旱龙堰和玉山堰，使之形成中小水库相连，库、堰、渠、渎相接的"长藤结瓜"式的自流灌溉网络。

受益农田从 12 万亩增加到 27.8 万亩，灌区范围为 2
个县的 20 个乡镇。

●图 2.2.10　金兰水电站内部机组　（图片出自《金华县水利志》）

　　民族的生命力、创造力在这片广阔的天地间爆
发。改革开放以来，金华迈向工业化、城市化的步伐
加快，为满足金华市区人民饮用清洁水的需要，1992
年，金华市政府在经过充分论证后，于金兰水库上游
20 千米处，兴建沙畈水库。水库采用混凝土重力坝，
完全机械化施工，于 1997 年建成，坝高 76 米，坝顶
长 273 米，库容 8558 万立方米。沙畈水库与金兰水
库相连一处，成为金华"大水缸"的生态符号。

　　2020 年 12 月 8 日，三十六堰成功入选世界灌溉
工程遗产名录。白沙溪代表了一个贯通 1900 年的水
利与文化的宣言，这个宣言曾由卢文台主导，由一代

代百姓参与起草，由民间文化精神从旁润饰，并由今
天的建设者接笔续写。宣言的内容并不复杂："先有
生态，后有文化"。

第三章

功补夏后阙
泽同郑渠遗

 林无静树，川无停流。
　　　　——《世说新语》

●图 3.1　山水云天　吴潮宏／摄

　　一直以来，无论官方还是民间，水利灌溉、河防疏泛都被视作关乎王朝命运和民生福祉的头等大事，因此中国古代的农耕社会被西方一些学者称为"水利社会"。人们总能发现，那些大凡至今仍在发挥作用的水利工程，总有生生不息、历久弥新的特殊能力。

第一节　治水技艺　领衔江南

　　白沙溪三十六堰是浙江现存最早的拦水筑堰、引水灌田的水利工程，它以顽强的生命力向今天的人们展示了1900年前中华民族在水利工程技术上达到的高度和水平。南山深处的溪流，深深地吸纳了修筑者的才情，这座山峦的历史，离不开穿云裂石的斧凿声。

●图3.1.1　今天白沙溪上仍在使用的堰中，绝大部分除灌溉功能外，亦成为连接两岸的桥梁。图为猪头潭堰　卓德强／摄

阶梯堰筑，惊世灌溉

河过峡谷，风过隘口，需用精神对决，以智慧较量。

白沙溪，上游奔泻于峰峦叠嶂之间，自南向北转入平缓的冲积平原，分级落差达168米，如此地势往往策动水流变得恣肆而强悍。古时此地常常发生旱涝，其根本原因便在于此。因此，要在这样的环境中筑堰，修筑者首先要直面168米的水位落差。

水位落差是决定筑堰水力大小的重要因素之一，落差过大或者过小都会影响水力的合理利用。人类与自然在无数次"磨合"之后，终于找到了解决的办法。

办法来自问题本身。36 座堰坝以阶梯状从上游
至下游逐级排列，使 168 米的水流落差实现层级溢流、
分级化解。同时借助水流的互相抵消作用，降低流量
和冲击力，使堰坝具有较强的抗洪峰能力。这个集水
利学、力学、结构学、地形学于一体超级堰群，是此
地百姓利用和改造有限的自然条件，促进农业文明进
步的"杰作"。

中国文化对待万事万物的态度是"化解"。医家
经典《黄帝内经》教人"不病"的方法，兵家典籍《孙
子兵法》之思想核心是"不战"，儒家主张"和而不
同"，道家宣扬"无为而无不为"……化解的智慧，
也在治水中体现得淋漓尽致。

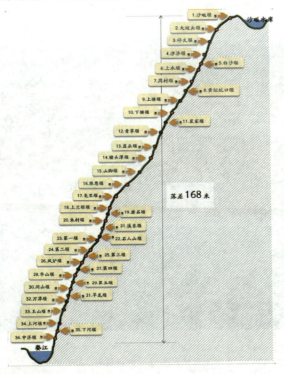

●图 3.1.2 三十六堰地
势分布图 王义加／制

创建长阶梯形群堰是地势使然，也是本地灌溉农业发展的必然选择。白沙溪流域自洞山段开始，地势转为平缓的低矮丘陵，婺江南岸的河谷平原广袤开阔的伸展面，是筑堰的理想地段。据统计，古时三十六堰灌溉面积约为 27 万亩，其中上游、中游堰坝的灌溉面积只占总面积的 27%，而下游独占 73%。

百姓对水资源的迫切需求，使更多堰坝为服务农业发展如雨后春笋般破土而出。于是，自金兰水库下游起的 8 千米范围内排列开 12 座堰，其中从风炉堰到万潭堰，短短 2 千米的河流上就密集地建造了 7 座古堰。白沙溪下流域集中修建的堰群使得该地成为金华重要的粮食产区之一。

●图 3.1.3　在水流相对平缓的平原地带，两岸农业、手工业发达，堰坝分布也更为密集。图中依次可见风炉堰、文台堰等　杨成栋／摄

群堰卧霁虹，沃野自兹始。这首尾相距 45 千米的长阶梯形群堰，成为古代"山区 — 平原"河流引水工程的样板。

因地制宜，就地取材

中国古代水利设施的兴建和维护，是官民双方分工而又协同实现的。大体是官方负责大江大河等重大水利工程的兴建和维护，民间则着眼于本地区内的中小型水利工程❶。

三十六堰以民间力量开凿，有别于官方修建的大型工程，不仅经费需要自理，条件也是十分艰苦。因此，在建造材料和建筑工艺上，必须实现"以简单驾驭复杂"。

❶ 鲁西奇，林昌丈. 宋代农田水利规章的结构及其成立 [A]. 吴松弟. 走入历史的深处：中国东南地域文化国际学术研讨会论文集 [M]. 上海：上海人民出版社，2011.

●图 3.1.4 南山自然资源丰富，植被茂密，当地人很早就懂得利用松木、竹子制作各类生活、生产工具，图为南山一景 吴潮宏 / 摄

今天的人们发现，堰群在历代岁修重建中，皆充分利用了本地丰富的自然资源。白沙溪沿岸自古以来就有茂密的竹林，到东汉初期剖竹成片、分层成篾的技术已十分娴熟，加之两岸山上随洪水冲泻下来的砂石，南山中粗壮的松树和坚硬的块石，寻常而朴实的物事成为筑堰的"主角"。

"一字型蔑笼堰"开创了筑堰技艺的先河。一般选用两年以上冬毛竹直剖开编成蔑笼，在其中装填块石和砂石，以草皮、泥土封堵缝隙，这个类似于今天的"钢筋混凝土"结构成为堰坝稳固的基座，同时再以松木横卧并间隔打下竖桩，使基座更为牢固。

堰坝，是人们根据对河流流水的不同需要而设置在河床上并阻挡或导流的水利建筑。随着科技的发展，堰坝的结构也一直在不断的改进。在 1900 多年的历史进程中，堰坝不知经历了多少次因水流冲毁而重建重修，每一次重建都是低级到高级、量变到质变的进步过程。

传统的筑堰工艺，经历了砂石堰、篾笼堰、三合土块石堰三个阶段的改革。"砂石堰"采用砂石堆砌、草皮护面的方法筑成堰坝。"篾笼堰"用块石装入笼内，用松树做桩固定，以草皮封堵护面筑成堰坎。三合土块石堰，采取挖深堰基，用巨松或垒石蔑笼置于其下，早期采用黏性强的黄泥土反复涂抹夯实堰坝，后以三合土浇注隙缝，巩固堰坝。低矮的堰坝形态，配合梯级堰群的建设方式，极大地降低了施工难度和工程风险。[1] 古人科学的治水理念，以及人与自然和谐相处的哲学思想源远流长。

三十六堰的兴建，迟于四川都江堰 200 余年。从

[1] 张柏齐，崔士文. 白沙古堰的历史与传说[M]. 杭州：浙江工商大学出版社，2013.

建筑结构来看，仍能发现都江堰的"影子"——"遇湾截角，逢正抽心"这一水利通则在白沙溪上被广泛运用。

从水利上讲，"遇湾截角"是指在河道拐弯之处，把直角修为弧度，减轻主流对河岸的冲刷；"逢正抽心"则是在顺直河段，应当挖深中心的河槽，防止河床淤积，令水流始终保持在正确的轨道上奔腾。这是古人面对河流的直道和弯道的不同处理方式。白沙溪从上游到下游，只在洞山段有个较大的河湾，因此，在整个三十六堰的筑造中，采取更多的是"逢正抽心"。人们在河道中心落差适宜处选址，将河床中间部位掏深建坝，河水"安流顺轨"。

需要说明的是，材料随处可得，技术易于掌握，规范浅显易懂，使三十六堰在历代的修筑和维护中较少地受人力、物力、财力与技术操作的局限，保证了整个水利工程功能的长久发挥。

今天的人们应该对古时民间的修筑者们投以高度的尊敬，因为他们是自立自强的"科技专家"和"水利学家"。

分洪减灾，引水灌田

可持续的工程必然是顺应自然的工程。

兵法云"善战者，求之于势"，意思就是要善于利用周围形势做出正确判断。行伍出身的卢文台和后续修筑者们把兵家的智慧完美地运用到了治水上。

据记载，东汉永平三年（60），卢文台最先用"以潭筑堰，引水灌田"的方法，在白沙溪上筑起白沙堰，这一方式也被后人继承沿用。

●图 3.1.5　阶梯—深潭是山地溪流自然发育形成的地貌特征　卓德强／摄

❶ 张晨笛. 阶梯-深潭系统的稳定性研究[D]. 北京：清华大学，2017:11.

　　阶梯—深潭具有稳定河床和改善生态的功能，尤其在落差较大的山区河流上会自然形成众多连续的深潭，可高效作用于河流下切控制及生态修复工程。❶ 三十六堰的建设者很好地把握了这一特点并加以利用。

　　今天的人们仍能发现，大部分堰址旁都有一处天然深潭，晴则储水，雨则溢洪，如大公潭、六苟潭、裴家潭、香粉潭、猪头潭等，可谓"一堰一潭"。用现代水力学理论分析，在每个深潭的下游"以潭筑堰"，可以减小水流对堰坝的冲击，并在干旱时增加堰坝的蓄水量。同时，"以潭筑堰"也发挥出溪潭的

消能作用，使河床稳定、生态重塑，利于白沙溪流域生物多样性的保持。❶

　　"避实就虚"是另一种筑堰智慧。三十六堰均采用"一"字型的堰坝结构，势必直面水流冲击，但一处细节却尽显灵巧：堰坝主体包括朝向上游一侧的迎水面和朝向下游一侧的背水面，人们将迎水面设计成略凸出的形状，使堰坝微微呈现拱形。相比于直线型的堰坝结构，延长了泄洪边缘的长度，由此提高过流能力。如此，当洪水流过时，泄洪边缘两侧的水流可以相互抵消流速，从而在整体上减少了水流的冲击力。

❶ 陈晨. 这是流淌千年的中国治水智慧 [N]. 光明日报，2020-12-10（10）.

●图 3.1.6　三十六堰均采用"一"字型结构，通过延长泄洪边缘提高过流河水的能力
图为第二堰远景　卓德强／摄

　　在三十六堰的历代修建中，逐渐展现出"深掏潭，低作堰"的技术特点。不同于都江堰的"深掏滩"加深河槽为的是增大过水和挟沙能力，"深掏潭"为的是保障引水通畅，扩大蓄水量，同时对水流进行显著消能。"低作堰"，是在满足蓄水、引水要求的情况下，适当降低堰的高度，保证使用安全。

　　这项构思独特、极具创意的水利工程，至今基本保持着原型建制，对当代水利工程建设具有多方面的借鉴意义和研究价值。

第二节　以水治水　匠心独具

　　人们于日积月累的水利实践活动中，逐步形成了严谨的思想、制度及理念，这不仅是水利文化的表现，也是水利工程建设得以稳定发展的重要保证。如果说历史上的水利活动都是功利且实用的，那么这些遗留下来的思想、制度及理念则如同一道精神光源，向这片土地散发出绵绵不绝的温热。

五位一体，长藤结瓜

　　三十六堰与中小水库相连，形成了今天库、堰、渠、溇相接的"长藤结瓜"式的自流灌溉网络。

　　除三十六堰之外，白沙溪流域的潭、泉、井、塘也各具特色，成为底蕴深厚的水利文化的重要组成部分，并在生产实践中逐渐形成了富有特色的堰、潭、泉、井、塘相结合的"五位一体"用水系统。❶

❶ 陆欣，杨振华，江勤学. 群堰卧霁虹 沃野自兹始 [N]. 浙江日报，2020-12-09（7）.

●图 3.2.1　自古以来，生活在白沙溪边的人们都与这条溪流息息相关，久而久之就形成了富有特色的堰、潭、泉、井、塘相结合的"五位一体"用水系统。图为白沙溪一景
卓德强／摄

　　深水处即潭。白沙溪上的每一堰几乎都与一汪深水潭比肩而立，多数潭水面积在 20 亩左右，碧波荡漾，自成景观。

　　地下水为泉。白沙溪地下水资源丰富，达 2 万立方米每昼夜。两岸常见塘坳或田坳间涌出的接触泉，如长山村共有这类泉水十多处，且常年不息，当地流传民谚"土地连片不隔丘，一股泉水流到头"。溪岸边也有侵蚀泉涌出，如新昌桥村有一孔"伶水泉"，可灌溉、可洗涤；还有石缝中涌出的断层泉，琅峰山上的清泉常年顺着石笋潺潺而下，水清甘甜，遇旱不涸。

凿地取水成井。最为知名的当属地昭利庙大殿门前两口直径1米多的圆形井。两口井与地昭利庙共存，井水常溢，清澈见底，味甘冽。

挖泥储水是塘。塘常位于村落中心，承担着日常洗涤、蓄水、消防等功能，也是邻里沟通的公共空间。在白沙溪流域的铁店一带，还留有婺州窑采掘原料瓷石泥的过程中形成的一口面积有 10 多亩的大塘。

堰、潭、泉、井、塘相结合的用水系统，在雨季能蓄水排涝，旱季亦有清水长流，天然与人工的有机结合，使得白沙溪两岸能够一年四季、昼夜不断地获得供水，确保了两岸百姓不受大旱困扰。

理念先进，践律蹈礼

人们日常生活的行为方式是最直接的文化符号，常年与水相伴的人们，总会带有"水"的文化印记。

●图 3.2.2　金华市古子城古婺轩保存清代光绪年间《万潭堰贴》刻本　朱劲涛／摄

一份清光绪三十四年（1908）重修的《万潭堰帖》中收录了签订于雍正十年（1732）的关于政府调解村民用水纠纷的协议书。无独有偶，现存的《白沙水利碑记》《玉山堰碑》与明清两朝地方官 8 次发布的水利事务榜文等历史遗存，也有关于用水规范和纠纷的处理的记载。由此，人们得以了解到一套伴随三十六堰建设而日臻完善的堰坝管理制度——堰会、堰规、堰帖。

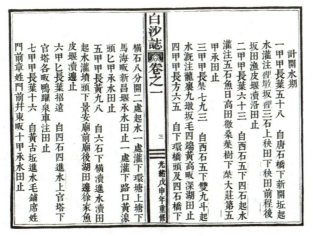

● 图 3.2.3 　《白沙志》中关于"计开水期"的内容，其中明确了各甲甲长和用水范围

如果说三十六堰的建设是以一种极为广阔的社会必须性为背景，那么堰会、堰规、堰帖的形成则显得自然随顺、诚恳公允。

堰会是每座堰的常设管理机构，由民间自发组织设立，公推有威望的乡贤任堰长，并选举若干人为"头首"，构成该堰水务管理的领导班子。一般规模的堰在堰下分若干甲，设立甲长，规模较大的堰，还设有漩，漩下分坪，漩设漩长，坪由专人负责。❶

❶ 金华市机关离退休干部调研组. 三十六堰的堰帖堰碑堰规 [N]. 婺城新闻网，2012-03-14.

　　堰会最重要的任务是主持分水、用水。堰会标明每堰的引水灌溉范围，并对每一堰、每一甲具体用水的起止时间做出规定。特别是遇到旱季，支渠与分渠之间如何合理分水，需由堰长、甲长协商确定。为此，堰会授予堰长和甲长一把象征公正的"堰把"，用于挖泥分水或以草饼堵绝进水口，代表堰长和甲长对分水拥有决定权。"堰把"的体型与重量大于一般锄头，堰首所用"堰把"重 6 斤，甲长所用重 4 斤。"堰把"的重量代表职责的分量。

　　遇到用水纠纷，实行的是堰会调解与官府法办的两级并行模式。若遇争水引起人员伤害的刑事案件，堰会则报官府依法处理。

　　玉山脚下的玉山堰，由附近东俞村、叶店村百姓于明嘉靖十二年（1533）合力修建。清乾隆三十八年（1773）五月，俞、叶两村因水利纠纷发生大规模械斗。在此之前，俞氏、叶氏之间分水、用水的矛盾已有多次，两族整整争斗了一个甲子，甚至两族一度禁止通婚。而此次械斗，造成多人死亡，数十人受伤。当时金华知县赵某依律做出判决："叶（长孙）、俞（起有）二人绞监侯秋后处决，余犯分别以杖徒。"之后，这一事件被当作警示教育素材，刻在了《玉山堰碑》上，立在玉山脚下。原碑现嵌砌在俞氏宗祠后厅东侧的墙壁上。

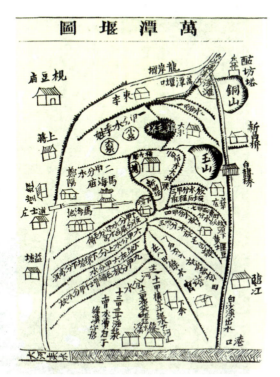

●图3.2.4　通过这张《万潭堰图》可以看到，从堰口进水到支渠、分渠、毛渠、进田渠，都由各甲商定放水起止日期，分水示意颇为详细，以此避免用水纠纷

　　堰会同时还负有管理水面运输的职责。白沙溪航运以满足农田灌溉为前提，对于竹木放排的行为均以不损坏堰坝为前提。如规定春社（立春后第五个戊日）以后不许撑放，秋社（立秋后第五个戊日）方可撑放。历代官府也会出具榜文，如明成化六年（1470），金华府衙曾发出"兴建水利以养民生"的告示，规定不许"撑放排扇""放舡捕鱼""拆坏堰道"；成化十三年（1477）金华府、县共同发出榜帖，"不许各处人民贩卖木植撑放排扇，捕鱼人户放舡损坏堰道，不许豪强偷泄水利"，违者"许容指名呈究"。

●图 3.2.5 《玉山堰碑》。原碑现存于白龙桥镇东俞村俞氏祠堂 朱劲涛／摄

　　当然，堰会的职责不仅限于此，还包括购置会产堰田，以租谷（金）收入作为每年修堰费用；承担沟通会员与官府的桥梁，代表会员向水利部门反映诉求；堰的重建、岁修或渠（渎）道开挖疏浚等，也由堰会负责实施。

　　堰规类似于今天的用水规章制度，由堰会主持制定，灌区受益户共同决议并遵照执行。今有《白沙第一大堰计开规式》可查。

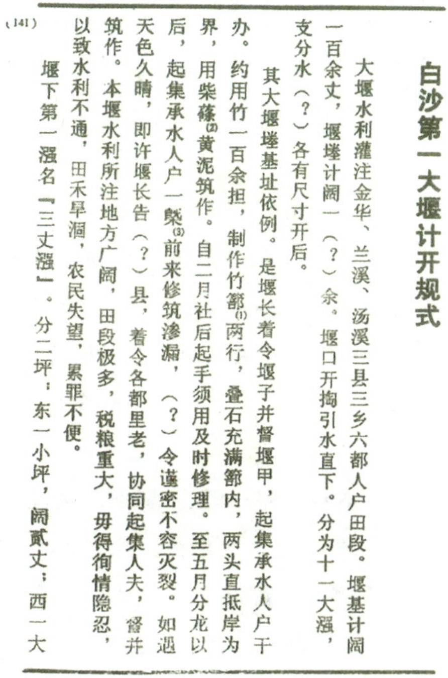

（141）

白沙第一大堰计开规式

大堰水利灌注金华、兰溪、汤溪三县三乡六都人户田段。堰基计阔一百余丈，堰塍计阔一（？）余，堰口开掏引水直下。分为十一大溇，支分水（？）各有尺寸开后。

其大堰堨基址依例。是堰长着令堰子并督堰甲，起集承水人户于办。约用竹一百余担，制作竹笆□两行，叠石充满篰内，两头直抵岸为界，用柴篠□黄泥筑作。自二月社后起手须用及时修理。至五月分龙以后，起集承水人户一槩□前来修筑渗漏，（？）令谨密不容灭裂。如遇天色久晴，即许堰长告（？）县，着令各都里老，协同起集人夫，督并筑作。本堰水利所注地方广阔，田段极多，税粮重大，毋得徇情隐忍，以致水利不通，田禾旱涸，农民失望，累罪不便。堰下第一溇名「三丈溇」。分二坪：东一小坪，阔贰丈；西一大

●图 3.2.6 《白沙第一大堰计开规式》（部分）

中国古代并没有系统、完善的有关"水"的法律，关于水的利用和治理，主要通过堰规来实现。一是农业用水的时效性强，乡邻人际情况复杂，基于乡土习惯而形成的人情关系很难被统一于国家的刚性立法之下。二是国家规定无法涵盖农田水利灌溉的所有细节，而有时这些细节问题往往关系重大。如上下游的取水先后顺序，旱涝时期的水量分配，沟渠维护与保养的人工派遣与费用摊派，违反规定的处罚办法等等，国家法律很难做到微观调整。❶

可以说，堰规是在中国传统社会结构和文化土壤中生成的"民间契约"。各方维持和谐、稳定的用水

❶ 林昌丈. 水利灌区管理体制的形成及其演变——以浙南丽水通济堰为例［J］. 中国经济史研究，2013(01)：44-54.

秩序，符合人们对"公正"与"效益"的心理诉求。正是因为如此，堰规获得了官府与民间的双重认可，在农业灌溉乃至社会治理领域发挥了重要的作用。

> 居上者不得仍行霸截，居下者不得仍行揿放，各照日期灌注田亩。倘有恃强不遵旧例，不依古制，违议约者，公同堰长持议鸣官，从重究治，绝不徇情。
>
> ——清《万潭堰帖》

> 本堰（第一堰）系是山溪浅水，全赖人工作捺，每当春社，筑作之后，不许客商撑放木牌过堰撞损堰塍。如有豪强恃横撑驾者，仰堰长擒拿送县惩治施行。
>
> ——清《白沙第一大堰计开规式》

堰帖是旧时朝廷官府制定的有关百姓禀告、明确水权、养护工程、调解纠纷的文告，明清两代至今有文字可查。朝廷、婺州司府、道宪就三十六堰合理分水、偷泄堰水、禁止放排、殴伤致讼等，曾经下帖扎付榜文的年代有：明洪武二十七年（1394），永乐六年（1408），景泰七年（1456），成化六年（1470），弘治六年（1493），万历十年（1582）；清顺治十二年（1655），康熙五十三年（1714）等。

●图 3.2.7　印象白沙溪　吴潮宏／摄

　　中国传统文化中"共建共享""共富共荣"的和
谐思想光芒闪耀。"和谐"建立在两根支柱之上——
尊重与公正。尊重每一位百姓用水的权利，并公正地
加以保护，最终形成以"地、水、夫、钱"为核心，
地方乡民紧密联系的"水利共同体"。

江河安澜，水润民生

　　白沙溪三十六堰建成后，金（华）兰（溪）汤（溪）
三角地带农业生产长足发展，航运兴起，百姓眼中有
了"三十六堰滋养三百六十行"的憧憬。

　　白沙溪源头深，峡谷长，竹木资源极其丰富。兴
建三十六堰后，流水畅通无阻，竹木可以编成竹排、
木排，顺流而下，通过婺江、兰江、富春江，将竹子

与木村销往全国，山农收入颇丰。

航运也带动了婺州窑的兴盛。白沙溪中游铁店一带，地下瓷石资源丰富，东汉中晚期就已出现烧窑场。进入宋元时期，婺州窑产品名声大振，既具陶器的深厚，也有瓷器的精制。产品远销日、韩等国。

作为婺州历代重点产粮区，粮食加工业尤为兴盛。古代稻谷加工成米完全依赖人力，是以石臼、踏碓舂米。白沙溪两岸百姓利用水势落差，建造旋转木制机身舂米的水碓，水碓昼夜运转，效率远胜人力。

●图3.2.8　今天的旱龙堰边，有一处现代复原的水碓。曾几何时，人们使用水碓加工谷物，粮食加工的效率大大提高，随着科技的进步，水碓逐渐淡出人们的生活。　杨成栋／摄

连机碓（水碓）是以水为动力的一种谷物加工工具，以一个大型立式水轮带动装在轮轴上的一排互相错开的拨板，拨板拨动碓杆，使几个碓头相继春米。据《晋诸公赞》记："征南杜预作连机碓"。明徐光启《农政全书》卷十八记："水激轮转，则轴间横木，间打所排碓梢，一起一落春之，即连机碓也。凡在流水岸傍，俱可设置，须度水势高下为之"。

●图 3.2.9　图中可见"V"字形"鱼道"。人们修建堰坝时，专门留有"鱼道"，供鱼洄游产卵　卓德强／摄

❶ 江南，守安澜. 浇良田　兴家园 [N]. 人民日报，2021-02-14（6）.

　　机械化设备普及之前，堰水在灌溉农田的同时，也作为水碓动力加工稻麦或油料。据记载，白沙溪流域 120 多个村，先后建成的水碓在 150 座以上。❶ 仅琅琊镇就曾有水碓 33 座，琅琊徐、琅琊滕、高田塍、白沙卢 4 个村有水碓 15 座。依赖第四堰、洞山堰的丰富水力资源，农田灌溉受益面积较大的古方、后杜和新昌桥三个村也先后建造了能够加工大米、磨粉、榨油的 9 座水碓。新昌桥村的杜顺根水碓，就是利用第四堰和洞山堰两座堰的丰富水力资源，建造的拥有 2 台卧式水轮，16 个碓头的"三结合"大型水碓。

　　人与水的融合，逐步渗透在千家炊烟、万家灯火之间。三十六堰的建立，从旁看去是人们治理了水，实际却是人们领悟了水，顺应了水，听从了水。

第四章

沙连霜月白
昭利仰前贤

▶ 人性之善也，犹水之就下也。

——《孟子》

●图 4.1　金兰水库大坝建在第一堰的堰址之上。第一堰原是白沙溪上最大的堰，相传由卢文台选址，两岸百姓延续建造，最终于三国吴赤乌元年（238）建成，图为金兰水库一景
卓德强／摄

　　卢文台的足迹遍布于白沙溪之上，将 36 座堤堰组成的"超级堰群"连在一起。披荆斩棘的开拓，共禹论功的建树，神乎其神的传说，为民造福的胸怀……历史以苍松为笔、溪水为墨，绘就一幅波澜壮阔的白沙画卷。而这幅巨作的第一笔，要从公元 27 年说起……

第一节　戎马半生　退隐南山

　　记忆是被历史、文化、政治等外部力量塑造的产物，也是记忆主体能动性建构的结果。为了记住卢文台和三十六堰，这片土地花去了漫长的时间，一种奇妙的情愫将他们撮合在一起，西方人称作"命运"，中国人称为"缘分"。

居庙堂，扶汉室

　　"生前勋业无人识，殁后王侯累代褒"。需要说明的是，人们今天已经无法从历史中了解到关于卢文台生平事迹的详细信息，相关记载最早也只能追溯到唐广明元年（880）的《唐武威侯庙碑记》和宋庆元六年（1200）的《宋昭利庙碑记》。

> 　　辅国大将军，卢姓，讳文台，字高明，范阳人。汉末为步兵校尉，将兵七万，剿赤眉于潮阳。后王莽篡汉，将军图恢复，阴结刘缤，缤遇害，率所部三十六人退隐括苍。
>
> 　　　　　　——唐·唐岩《唐武威侯庙碑记》

　　岁月更迭，花开几度。综合唐宋二碑、清代《昭利庙志》、民国《汤溪县志》《龙游县志》《金华县志》的记载以及相关的民间传说，能拼凑出一个基本的人物梗概。

●图 4.1.1 琅琊镇口,手执耒耜的卢文台石像,完成了一个"守"字的原始造型
吴潮宏／摄

　　这位约莫在汉成帝末年由步兵尉晋升为骠骑将
军的猛将,自幼受家庭熏陶,酷爱诗书,擅长习武,
可谓"猛将发于行伍"。王莽篡汉之后,卢文台投入
刘缤、刘秀的阵营。新莽末,光武帝刘秀命邓禹讨赤
眉,数战不利,复遣"大树将军"冯异挂帅。卢文台
以步骑从冯异出征,战赤眉于崤底,屡立战功,赤眉
主刘盆子及其将领樊崇等 30 万众悉数降汉,自此北
方始定。建武三年(27),刘秀于洛阳论功行赏,卢
文台一度拜辅国大将军,先后出任过贝、濮二州刺史,
也曾出镇江南、剑南二道。❶

　　就在这一年,卢文台的一生化为两部分。关于这
段转折,在明代白沙溪畔酤坊(古方)人杜翔凤编纂
的《白沙昭利庙志》中的演绎,被广为采信。

❶ 杜顺华,将军、隐士
和治水英雄——论白沙
老爷卢文台的人生三重
性 [R/OL]. 婺城新闻网,
(2016-08-19) http://
jhwcw.zjol.com.cn/
wcnews/.

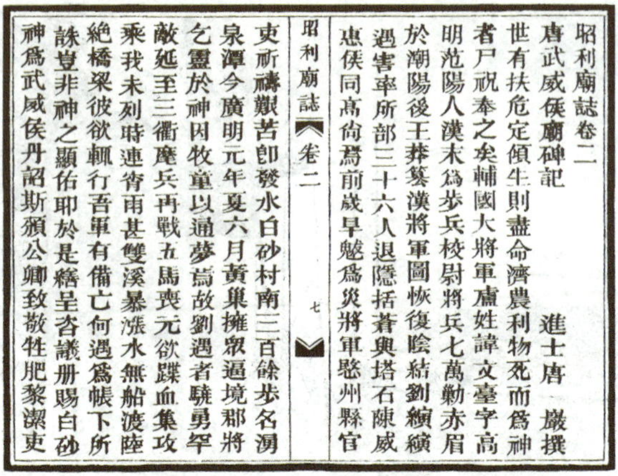

昭利廟誌 卷二

唐武威侯廟碑記

進士唐嚴撰

世有扶危定傾生則盡命濟農利物死而爲神者尸祝奉之矣輔國大將軍盧姓諱文臺字高明范陽人漢末爲步兵校尉將兵七萬勒赤眉於潮陽後王莽簒漢將軍圖恢復陰結劉纈積遇害率所部三十六人退隱括蒼奧塔石陳威惠侯同高岣爲前歲旱魃爲災將軍聰州縣官

吏所禱覲苦郎發水白砂村南三百餘步名湧泉潭今廣元年夏六月黃巢擁眾遍境郡將乞靈於神因牧童以通夢焉遇者驍勇罕敵延至三衢麾兵丹戰五馬喪元欲蹀血集攻乘我未列牌連宵雨甚雙溪暴漲水無船渡陸絶橋粱彼欲輒行吾單有備亡何遇爲帳下所誅豈非神之顯佑即於是糈呈杏議册賜白砂神爲武威侯升詔斯須公卿致敬牲肥黍潔吏

七

●图4.1.2 《唐武威侯庙碑记》（部分）由唐严撰写，这是人们现在所能看到的关于卢文台最早的文字记录

三年（建武三年）丁亥，帝（刘秀）
入长安，论功行赏，诸将各有差，侯（卢
文台）率所部三十六人，自宜南阳，隐括苍，
乐辅苍而居之……
　　　　　——明·杜翔凤《白沙昭利庙志》

　　典籍中的零星几笔，不足以窥见卢文台跌宕起伏的一生。不知当时的人们是否会觉得"隐括苍"是同社会脱节，但谁又能想到这里将迎来实实在在的改变？卢文台退隐南山，垦田卢畈，筑起白沙堰，这片土地上就有了他的故事。

　　从"庙堂之高"到"江湖之远"。卢文台一路向南的背影，是冉冉升起的光武中兴。

处江湖，泽吴邦

> 功成勇退，遍游名山，乐辅苍而居之。
> 垦辟田畴，名卢畈。后殁葬焉。
>
> ——明·吴沉撰文、宋濂篆额《明昭
> 利庙碑记》

每个读到此处的人，心中大约都会升起一股疑惑：是什么让卢文台在南山久久停留？遗憾的是，历史对此三缄其口。但是，与卢文台同时期的处士们伸出纤长的手指，将人们的猜想指向一条曲径通幽的小路。

隐逸，是中国古代一个特殊的文化现象，几乎与中国古代史同源，可以说"隐士"文化与中国文化同体俱生。东汉时期，隐逸之风大盛。史籍所载者，如严光、牛牢、梁鸿、台佟、韩康、高凤、矫慎、法真、郑玄等，或避乱山野，或修身养性，或著书立说，种种风华或许只能用"云深不知处"以概言。

●图 4.1.3 高儒、停久是南山下的村庄，相传是卢文台隐居之处 王剑波／摄

严光，字子陵，是刘秀求学时期的同窗。在东汉建立后隐姓埋名，隐居桐庐富春江畔，每日垂钓，修心养性，时常为百姓治病消灾，并在当地衍生出诸多传说。

龙丘苌与严子陵为友，以德行和学问知名于世。王莽时期屡次受召，均辞不受，隐居于今天的九峰山，以种田为业，不为荣辱所移。这段故事可在《后汉书·任延传》中找到佐证，后来，山因人而闻名，故九峰山又名龙丘山，至唐贞观年间（627—649），改太末县为龙丘县，后又改龙游，皆源自这段历史。

人类本应把一切都放下，放下在山河之间，并由此找寻人生价值和生命的终点。于是，今天的人们做出了一番诗情画意的猜测：卢文台厌倦了鼓角争鸣，率部将 36 人出宜阳，下江南，追寻严子陵、龙丘苌的足迹，隐退南山，开辟田畴，引水灌溉。

当然，后面的故事便为人所熟知了。卢文台见白沙溪水流急、落差大，晴旱雨涝，百姓受水患之苦久矣，于是勘地形、选堰址，带领乡民利用河流水势落差拦水筑堰，开渠引水灌田。经历代人努力，筑起 36 座堰，沿岸百二十余村受益，百姓尊其为“白沙老爷”，并修庙祭祀。“白沙老爷”的信仰逐渐从山里传到山外，历代皇帝不断加封，从武威侯至忠烈王。

如果说，卢文台把前半生活成了一把烈火，在中原大地熯天炽地，那么他的后半生就像一条溪流，于南山旷野润物无声。

对此，北宋蔡襄的诗颇为应景。

稼村诗帖

宋·蔡襄

隐居何事可谋生，尧舜难周畎亩情。

若得一犁膏雨足，石田茅屋起歌声。

●图 4.1.4　第三堰。第三堰俗称文台堰，这是后人对于前人的感念，同时也让今天的人们铭记那一段艰苦卓绝、筚路蓝缕的治水历史　郑过江／摄

第二节　功追大禹　德泽婺州

卢文台来到南山并建起三十六堰这件事，无论对金华的水利、农业、经济等社会各领域的发展，还是对地方文化精神的塑造，都具有重大的意义。当卢文台与三十六堰以壮观的生命形式嵌入这片土地时，便建构起一个极为深厚的精神文化底座。

历史风情，民间图腾

"白沙老爷"民间形象的形成，是水利文化融入地方文化的楔子。研究这一形象是如何形成的，是一个小课题；研究这一形象为何会形成，才是一个大课题。这轻轻的一问，立即撬动了这片土地悠远的地方文化的底层结构。

中国民间自古就有"造神"的传统。百姓把心目中的英雄人物塑造成造福人间的神，并建庙塑像，供奉香火，以求风调雨顺、国泰民安。如北宋时期，婺州百姓塑造的"胡公大帝"胡则，火腿制造业"祖师爷"宗泽等。当然，这其中也包括"白沙老爷"卢文台。

"造神"，需要三股文化力量持续输入勃勃生气。

●图 4.2.1　人们对美好生活的追求与向往自古不变　傅卫明／摄

　　第一股力量来自民间。在生活环境恶劣的时代，常因一场天灾导致凶年饥岁、朝不保夕。贫穷和苦难使民众渴求庇护的心理不断增强，最终达到崇拜的程度。卢文台筑堰治水，造福于民，极大改善了两岸百姓的生产生活质量，由凋敝走向富足的人们逐步将卢文台的形象"神化"，以为感念和回馈。

　　三国吴赤乌元年（238）的一场大旱，使金华多县颗粒无收，而白沙溪两岸因受三十六堰灌溉，仍获丰收。百姓为颂扬卢文台的水利功绩，奏请朝廷修建白沙庙。吴王孙权遣诸葛恪和杜宣核实并批准，于是当地百姓在赤乌二年（239）始建白沙庙。自此，百姓纷纷为卢文台建庙祭祀，先后建成大小庙宇共百座之多。至民国时期仍有 30 余座，可谓一堰一庙，形成了以白沙殿昭利庙为中心的古庙群。

●图 4.2.2　各类民间故事通过戏台之上的演绎而广为流传，往往成为人们思想道德教育的"启蒙教材"，对后世影响深远　吴潮宏／摄

从治水功绩的颂扬到精神品质的崇敬，卢文台的声誉卓著很大程度上要归功于口口相传的民间故事。如"扁担洞""金钗井""手掌印""潭中起剑""小弟让长"等等，数量之巨难以完全统计。这些极具张力的故事代代相传，成为这片土地上的百姓思想道德教育的"启蒙教材"。"教材"包含许多需要抬头仰望和低头思索的人生观念，如"为民造福""功成身退""以天下为己任"等，关乎每一个个体的精神成长。加之话本和戏曲的推波助澜，"白沙老爷"的英雄形象日臻完美。

第二股力量来自地方精英阶层。古代社会"皇权不下县，县下唯宗族"，社会治理主要通过宗族、士绅等地方精英阶层来完成。这些在地方上具有影响力的人物，用自己所处的特殊地位在民间生产、生活中发挥了巨大作用。

古时候，乡绅资助兴修水利设施，往往成为传遍乡里令后辈荣耀的善举。士绅捐资成为古代中小型水利工程最主要的资金来源，甚至即便由官方主持修建，也多需要乡绅捐资来解决资金的短缺。❶ 一些地方志和不少家谱中有过记载，在白沙溪三十六堰历次兴建和维护过程中，多由地方士绅领头出钱捐物，分担"头首"，建庙祭祀亦是如此，由士绅组织的"白沙老爷"祭祀活动，成为汉代以后与婺州水利建设密切相关的重要内容。

历代多有官员、诗人或借景生情，或缘事而发，以诗文颂扬卢文台功绩。如南宋左丞相、金华人王淮亲题七律诗《白沙遣兴》；明成化年间进士，首任汤

❶ 吕海涛，张凡，杨英法．论中国古代的用水秩序与水纠纷的调处机制[J]．河北工程大学学报（社会科学版），2017，34（03）：1-5．

溪知县宋约赋《谒隐真祠》；明永乐年间进士，本地诗人杜桓所作《白沙春水》等，皆流传至今。

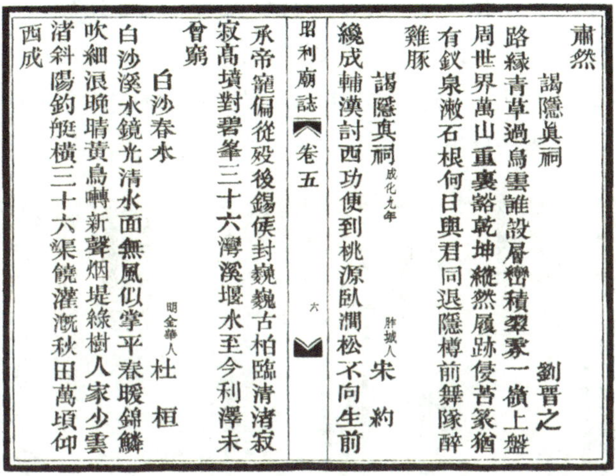

萧然

谒隐真祠
路绿青草过乌云雲誰設層巒積翠峯一簇上盤
周世界萬山重襄谿乾坤縱然履跡侵苔篆狢
有欽泉漱石根何日與君同退隱樽前舞隊醉
雞豚

谒隐真祠 *成化九年*
繞成輔漢討西功便到桃源臥澗松不向生前
許城人 宋約

昭利廟誌 卷五
承帝寵偏從殁後錫侯封巍古柏臨清濟寂
寂高墳對碧峯三十六灣溪堰水至今利澤未
曾窮

白沙春水 *明金華人* 杜桓

白沙溪水鏡光清水面無風似掌平簷暖錦鱗
吹細浪曉晴黃鳥囀新聲烟堤綠樹人家少雲
渚斜陽釣艇橫三十六隄饒灌溉秋田萬頃仰
西成

●图 4.2.3 《昭利庙志》中，存有历代官员、诗人颂扬卢文台治水功绩的诗词，图中为宋约《谒隐真祠》、杜桓《白沙春水》等

　　更重要的是，地方精英阶层以文化的力量在纷乱的历史碎片中厘清了民间信仰的轮廓。关于卢文台的史料大多语焉不详，给予民间传说故事以广阔的创作空间，但是在漫长的口耳相传的过程中，时有好事之徒胡乱附会，使其荒诞不经几成齐东野语。"删其不可信者，存其可信者，以传世，示后耳。"一代代地方学者继承前人的研究成果，并自觉地将日趋怪诞的传说故事加以考证和更正。由此可以窥见，民间信仰的形成是一个不断萃取、淘汰、选择、继承的过程，这一过程更像是成熟的民间文化必须完成的"自我突围"。因为只有经过再选择，文化才能变得厚重而坚韧。

　　"正人心而靖浮言"。对于民间信仰来说，知识是力量，良知是方向。

第三股力量来自朝廷。封建王朝的统治者在多数情况下不会反对民间的"造神"运动，反而以"封号"的方式鼓励民间崇拜的发展，并利用这些形象对百姓施以教化——这些形象所代表的价值观为当时主流意识形态所推崇。

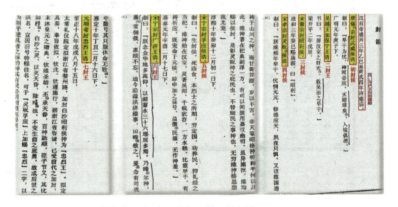

●图4.2.4 《昭利庙志》中关于封侯、封王的记载

卢文台兴修水利、造福于民，历代王朝对其诰封颇丰。卢文台先后被加封七次，其中四次封侯，三次封王，以两宋时最多。

唐广明元年（880），封武威侯，制曰："干旱为忧，祷雨必应，灾蝗肆庚，入境俱消"。

后梁开平二年（908），封保宁王，书曰："屏汉室之奸宄，救吴田之干旱"。

宋政和三年（1113）封昭利侯，赐庙额昭利。

宋淳熙十年（1183）封灵贶侯。

宋嘉泰元年（1201）封孚应侯。

宋嘉定十年（1217）加封广济王。

元至正十八年（1358）封忠烈王。

从卢文台到"白沙老爷"，从民间走向官方，一个古代人物由此完成从模糊的历史形象到丰满的民间形象的蜕变。以人物崇拜和祭祀仪典为纽带，"水利共同体"中的百姓建立起感恩前人、保护延续、共享共赢的文化认同。

回望传统，借鉴时代

古有开堰筑坝，近有筑库修渠，今有五水共治。我国在水利工程技术领域一直处于世界领先水平，并且还在不断地向前发展。纵观至今仍在工作的古代水利工程，多数兼具科学价值和管理经验，这些堪称时代伟业的工程体现了当时的劳动人民对河流特性以及自然规律的认识和利用。文化与科技的存续依赖于长期积累，因此时代发展需要开拓进取，也需要回望传统。

●图 4.2.5　幸福生活，双手创造　吴潮宏／摄

　　三十六堰建成 1900 余年来，"以潭筑堰蓄水，开渠引水灌田"的灌排体系沿用至今，蕴含着深厚的历史文化价值和科学技术价值。在修筑过程中，历代人民针对白沙溪落差大、水流急、深潭多的特点，科学选址筑堰，合理利用河流水流落差，摸索出了独特的"深掏潭，低作堰"技术，形成了潭、堰、塘、井、泉相结合的水利体系，不仅可以提高堰坝的蓄水和引水能力，增大灌溉受益面积，而且可以减轻水流对堰坝的冲击，延长堰坝的使用寿命。古人的治水理念以及人与自然和谐相处的哲学思想，对当代水利工程管理具有多方面的借鉴意义，具有重要的研究价值。

●图 4.2.6　兴建莘畈水库　（图片出自《金华县水利志》）

　　中国人自古坚信勤劳就有收获，付出会有回报。白沙溪流域包括金华、兰溪、汤溪（今并入金华市）三县，两岸均为肥沃良田，面积不下 30 万亩，因此金、兰、汤"三角地带"历来是金华地区的重点产粮区。
当然，同样引人注目的还有在堰坝管理使用中形成的
一整套行之有效的堰会、堰规、堰帖等制度，这些体
现了工程管理上权、责、利相契合的制度，时至今日
仍有一定意义。

　　水利科技推动生产力的进步，还表现在粮食加工
方面。古代稻谷加工成米，完全依赖人力，以石臼或
踏碓春米，花费人工大，出米效率低。自建造三十六
堰后，白沙溪两岸人民利用水流落差形成的冲击，建
造旋转木制机身春米的水碓。旧时这里离堰较近的村
庄，村村有水碓，有的村拥有上下 2 座碓，白沙溪全
流域共有水碓 150 多座。水碓昼夜滚动工作，效率胜
过人力春米 10 多倍。

●图 4.2.7　兴建金兰水库
（图片出自《金华县水利志》）

金华地处丘陵地区，干旱历来是农业发展的最大威胁。三十六堰建成后，白沙溪旁村镇多次实现旱涝保收，因此周边县市乃至严、衢等地，逐渐兴起筑堰引水工程。单就金华而言，主要有东阳州义堰，建于东汉末，据推算，约迟于白沙堰首堰200多年；永康桃枝岭堰，建于南朝梁天监二年（503）；东阳都督堰，建于唐开元年间（713—741）；永康高堰，建于唐大中年间（847—860）；武义仓部堰，建于唐昭宗在位期间（888—904）；东阳苏堰，建于宋乾道年间（1165—1173）；金华石板堰，建于明正统元年（1436）；兰溪李渔坝，建于清顺治元年至顺治八年（1644—1651）；民国期间，浦江兴建珠山后门口堰……对丘陵地区人民战胜缺水、干旱起了极大作用。

● 图 4.2.8 「绿水青山就是金山银山」 卓德强／摄

从历史发展的客观现实看，在白沙溪三十六堰灌溉工程体系支撑起白沙溪流域内 1900 多年的农业开发过程中，灌区规模逐渐扩大，人口和经济规模显著增长，而生态环境并未退化。时至今日，白沙溪水资源依旧丰富，各级政府兴建起一批中小型水库，使金华人民得以继续享受大自然的馈赠。一代代人在与自然的互动中，书写了"绿水青山就是金山银山"的时代篇章。

治水精神，文化力量

天、地、人合而为一的思想，在中国传统文化的许多变体中被反映出来，我们也可以在中国历史和文化中找到许多例子。

秦汉时期，白沙溪流域旱涝灾害十分严重，行伍出身的卢文台对人民疾苦感同身受，于是率民众因势利导，兴水利、除水患，根据水势落差确定建堰地址，实施筑堰拦水、灌溉农田。可以说，三十六堰不仅是古人聪明才智的结晶，更是先民意志与人格力量的体现。

通过筑堰达到抗旱、防洪的目的，并形成人与自然和谐相处的生态系统，是治水精神的基础。卢文台使百姓受惠的同时，其开拓创新、脚踏实地的精神是中华文化和民族创造力的外显。人们细阅典籍后可以发现，在修建白沙堰前，卢文台对白沙水系和山川地貌做了大量的实地调查，务实的作风对白沙堰因地制宜的规划显然起了至关重要的作用。卢文台依靠南山盛产的木材、毛竹、石头、泥土等，开凿白沙堰，把原来的荒芜之地变成"南山粮仓"。

应该说，卢文台是投身白沙溪水利治理的发轫者，热衷于为百姓办实事的实践者，兴建水利工程的指挥者，其对后人的精神鼓舞及治水方略的影响是不可忽视的。但需要说明的是，人们在今天谈论治水精神时，不应忽视一股重要的力量——民众。

●图 4.2.9　莲蓬丰收　吴潮宏／摄

勤耕获，慎保障，时修浚。人效其力，而神呵护之。

——民国·徐东藩《重修昭利庙志序》

●图 4.2.10　一直以来，勤劳都被视为一大传统美德，拥有了勤劳这一特质的人，往往能够通过自己的双手去创造更加美好的生活　卓德强 / 摄

　　人们往往因前人的功绩而忽略了后人的努力。徐东藩生长于白沙溪畔，是金华历史上第一位国际法专家，就在作《重修昭利庙志序》的 4 年前，他参与了中国收回青岛主权的全过程。诚如徐东藩所说，正是有了一代代民众勤劳耕作、谨慎保护、时常修浚，才有了沃野千里、风调雨顺。翻阅 1900 多年水汽弥漫的治水典籍，白沙溪两岸人民对水域进行有效的开发、利用与保护，并衍生出分级管理、处置纠纷的制度，按时修缮、合理用水的规章和"地、水、夫、钱"为核心的共同体理念。

●图 4.2.11　白沙溪一景　卓德强 / 摄

　　特别是明清之后，水利事务逐渐由朝廷主导转向地方乡绅主导，一些深受儒家、法家思想洗礼的学者，具有造福百姓的社会意识和文化传统，他们系统反思用水制度缺陷，建立起一套约定俗成的用水规范，使三十六堰成为可持续运营的经典范例。

　　同样可持续的，还有治水精神价值观，这种精神具有巨大的历史震撼力和时空穿透力。白沙治水以卢文台的神话开头，有了一代代治水人，神话得以走向实际，邈远的治水精神一下子贴近了大地，也亲近了苍生。

　　因此，今天的人们除了颂扬卢文台，更应该感激历代百姓。其中，也应该包括我们自己。

第五章

拜水白沙堰
问道琅峰山

▶ 新台有洒，河水浼浼。

　　——《诗经》

●图 5.1　阡陌纵横的田地孕育温暖和希望　黄志武／摄

　　人类在山河间的每一个脚印，使一切伟业变为风景。大自然是慷慨的，生活在"鱼米之乡"，这里的人们只要手脚稍加勤快，总能从阡陌纵横的田间地头开垦出一片希望，从水网密布的河道鱼塘打捞起一份富足。人与水的互动，使文化不断生长，占据更广阔的时间与空间。

第一节 人文胜景 三十有六

中国古人对"三十六""七十二""一百零八"等数字充满偏爱。如"三十六洞天，七十二福地""三十六天罡，七十二地煞""一百零八好汉"……它们通常作为虚指的约数以言其多。

白沙溪流域历史上所建堰坝总数实际应远超 36 座，只是不少的堰坝由于河流改道、农田流转等原因早已废弃。对此不必穷究具体数量，因为"三十六"所具有的虚实兼备的模糊功能，往往比数字本身更富有文化底蕴和想象空间。除了三十六堰，在这片土地上还有三十六先贤、三十六古村、三十六古庙等说法。

●图 5.1.1 踏水行 胡永辉／摄

文韬武略，白沙先贤

在地方传统文化中有一个极为重要的组成部分——先贤文化。

白沙溪畔流传着一句童谣："长山村坊的大屋，安地垅的山，青龙山的进士，石门头的官"。白沙溪流域百余年间涌现出诸多以耕读传家繁衍壮大的书香名邸。

其人可敬，其事可循。这些在地方或者家族绵延的历史中开山立言并身体力行的前人，将个人与集体的生命经验，以及其文化人格化作一道精神光源，向这片土地散发出绵延不绝的温热。只是精神光源与自然光源不同，不具备直接普照山河的功能，必须通过生命形式的传播与实践，才能启迪后世。于是，先贤的故事被广为传颂和效仿……

滕珦（754—840），唐建中元年（公元 780 年）进士，自地方官任起，后至两部侍郎、尚书，可谓"宰相起于州部，猛将发于行伍"的代表。相传他为官清明，心系百姓疾苦，天生明敏，博学多才，平生著书极多。为官有绩、文采斐然，滕珦官声与民望兼得。

唐大和二年（828），时任户部尚书的滕珦致仕还乡，唐文宗诏赐新第于白沙溪口。灞桥之上，他与同僚折柳话别。正待启程，忽而贺知章、白居易、刘禹锡等故交好友踏歌而来。红衣佳人白衣友，朝与同歌暮同酒，友人们微笑着举起酒杯，分别的时刻充满祝福与憧憬。有白居易诗篇为证：

送滕庶子致仕归婺州

唐·白居易

春风秋月携歌酒，八十年来玩物华。

已见曾孙骑竹马，犹听侍女唱梅花。

入乡不杖归时健，出郭乘轺到处夸。

儿着绣衣身衣锦，东阳门外数滕家。

●图5.1.2　尚志亭位于滕珦故里杨塘下村，取名"尚志"意为缅怀先祖　朱劲涛／摄

滕珦晚年居于白沙溪十余年，纵横古今，老有所乐。据现存宗谱的记载，他与家族后人多次出钱出力，并凭个人名望向当地政府申请资金，动员乡民治理和维护三十六堰。●

滕珦育有三子——滕遂、滕迈、滕邈，皆为中唐进士，均有官声。特别是次子滕迈，官至大中大夫、侍御史，更兼雅善诗歌，其风格散馥流芳，颇有其父之风。为此世人传诵滕家"父子四进士，儿孙满船官"。

● 杜顺华，学而优则仕白沙进士多［N］.婺城新闻网，2016-08-19.

南宋时期开创的婺学，秉持崇文重教、严谨治学的传统，投身其中的学者多以刻苦研习、勤学不辍为后人树立榜样。

倪氏家族是南山脚下的名门望族，家学源远，尤以理学为要。倪允才（1123—1212），字汝性，年少时师从理学名士潘良贵，又与朱熹、吕祖谦、唐仲友等同时期名家相游共研，博学上进。南宋绍兴二十七年（1157）中进士，走上仕途，初任龙岩丞，后官至国子监助教、太学博士。

倪允才晚年辞官归乡讲学，开办"季原堂"，因此世人称其为"季原先生"。学馆弟子多为族裔家亲，也有婺州各地的官商子弟慕名前来求学，门生达上百人。"一馆五进士"一时传为佳话。❶ 值得一提的是，日后成为"北山四先生"之首的何基，南宋礼部、吏部两部尚书及至枢密院事的倪普，时人称为"一门三孟"的倪公度、倪公晦、倪公武等，皆出自倪允才门下。

❶ 杜顺华. 古婺白沙的理学历学和道学名人[N]. 婺城新闻网，2015-04-24.

季原堂的创建开启了十里八乡的耕读之风。仅石门一地，有据可查的书院就有两松书院、双溪书屋、善川书院、玉树轩、绿逸亭学园等十余家。

倪允才除办学讲经外，笔耕不辍，其生平著有《中庸讲义》《诸经勘文》等史论文集多部。

倪普（1224—1276），字君泽，号警斋，石门村人，幼时就学于季原堂，从学于曾为国子监助教、太学博士的伯父倪允才。

●图 5.1.3　南宋对金华的历史进程意义重大。在这一时期的历史舞台上，金华担当一个头戴儒巾，身着长袍，手执书卷的重要形象，展示一个民族强健的精神文化力量——婺学在这片充满理性思考的土地上走向鼎盛。图为鹿田书院景　吴潮宏／摄

长山石门，古时也称"龙门"。"一登龙门，声誉十倍"，在古代科举制度下，十年寒窗"跃龙门"是每个学子的梦想。淳祐十年（1250）庚辰科迎来发榜，倪普金榜题名，进士及第，初授南康军事推官，起步已算辉煌，之后也是一路春风，历任刑部侍郎，礼部、吏部尚书，及至枢密院事。

倪普居庙堂中枢的时代，正是南宋大厦将倾的时代。在这样的存亡关头，总有不少武将在战斗，但坚持主战的往往是文官。倪普主战，激烈反对当朝宰相贾似道讲和，最终被弹劾罢官。

贬谪归乡后，倪普在石门椒山筑亭，日夜遥望临安。不久，南宋灭亡的消息传来，他面向北方，日夜痛哭泣号，最终因悲伤过度气竭而卒。倪普在椒山之上完成了一场王朝灭亡的祭奠仪式，"祭品"就是

他自己。

史载："国亡，北向恸哭，及卒。"

正源于此，后人改椒山为望君山。

●图5.1.4 图中右侧为古方村 吴潮宏／摄

如今，苏州民间还流传着一首《十善诗》，其中的两句是：

金华山水育英奇，敕守姑苏声誉驰。

这位"声誉驰"的金华英奇名叫朱胜（1398—1453），酤坊（今古方）人，字仲高，明永乐年间（1403—1424）举人。

朱胜从刑部主事做起，因审案公正升郎中。后调河南、山西诸郡督办粮饷。正统年间（1436—1449）任武昌知府，创社学。后任苏州知府，教民勤力农事，革除陋俗，慎理刑狱，政绩卓著，民作《十善诗》颂其德。后官至江西布政使。

古方村的朱氏宗祠内原有一块钦敕"大方伯"的匾额。"大方伯"是古代对一省布政使的尊称，这是朝廷对朱胜实心任事的褒扬。

明天启年间，一位自号"梅舟老子"的庠生背起书囊，沿白沙溪溯流而上，于今天的沙畈乡高儒村创办书院，取名漓渚书院。

漓渚，意为水中的小洲。高山上的书院，成为日后百余年间八婺大地鸿儒们"处江湖之远而忧其君"的"小洲"。相传多有周边各地的文人名仕慕名上山，在这追求人生的梦想。久而久之，"高儒"就成了村庄的名字。

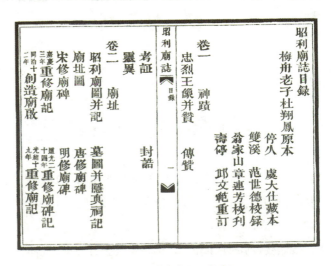

●图 5.1.5　《昭利庙志》（部分）

"梅舟老子"原名杜翔凤，白沙溪畔酤坊（今古

方）后杜村人，生于官宦世家，是宋朝名臣吏部尚书
杜常之裔孙，年少即学有所成。❶

❶ 胡阿荣，走读白沙溪
[N]．婺城新闻网，2020-
04-08.

　　除了创办书院，杜翔凤还编纂了《昭利庙志》。
虽名为"庙志"，实则更像一部地方文化百科全书。
书中详细记载了卢文台治水的事迹，以及历代学者的
诗词文赋，也包括前人对山川地理、人文风貌的描述。
该书成为人们了解卢文台和三十六堰的第一手资料。

　　鲜为人知的是，这项繁杂的文化工程，正是在漓
渚书院内完成。

　　八咏楼，原名玄畅楼，自南朝梁文学家沈约登
楼赋《八咏诗》而改名为"八咏楼"，后又因南宋
词人李清照作《题八咏楼》广为人知，成为名副其
实的"诗楼"。

●图 5.1.6　八咏楼。1646 年，朱大典率金华军民抵抗清军数月，最终寡不敌众。城破之时，
朱大典于八咏楼旁点燃火药库，举家以身殉国　吴潮宏／摄

在八咏楼老城墙根儿下，立着一块石碑：上写"朱大典遇难处"。公元 1646 年，城楼下的一声巨响，是一个王朝落下的最后句点。

朱大典（1581—1646），字延之，号未孩，金华长山人。年幼时家境贫困，常在私塾边"倚窗听课"。明万历四十四年（1616）考中进士，初授章邱知县，后因战功逐级提升，历任兵部右侍郎、漕运总督、凤阳巡抚等，颇具将帅之才。

公元 1644 年，北京城破，清军南下，浙江成为抗清最激烈的省份之一。然而福王、鲁王政权相继覆灭，时任南明兵部尚书、东阁殿大学士的朱大典率军退守家乡金华。

清顺治三年（1646）农历六月，清军兵锋直指婺州。朱大典毁家纾难，将财产悉数散尽，用以招募乡兵、购置武器、修筑城防，并毁书斩使以示与金华城共存亡的决心，清兵围城半月而不得破。

农历七月十六日，因叛徒告密，清军用红衣大炮轰塌了西南角的城墙，攻入金华城，发泄围城数月的愤怒，大部分守城将士战死。朱大典召集家人与幕僚共 32 人，集中在八咏楼，点燃了城楼内的火药库，集体殉国。在此战中，朱大典全家祖孙三代 22 口人全部殉国，可谓满门忠烈。三日之后，金华城残垣焦土，史书记载"屠戮五万"。

八咏楼巨大的爆炸声令对手感叹："盖浙东死事之烈，未有如大典者"。朱大典舍生取义的民族气节，赢得了清政府的尊重。康熙年间（1662—1722），朱大典以及同为保卫金华而殉难的将士们入乡贤祠和忠烈祠。清乾隆四十二年（1777），赐谥朱大典为“烈愍公”，并在金华通济桥北的双溪驿前，建造了一座高10米的青石牌坊，横额上刻“表海崇勋”四个大字，以示尊荣。

330国道对金华人而言，有着特殊的意义，它足以承载城市的时代记忆——金华人从这里走出盆地，中国从这里认识金华。“330”是它现在的名字，在90多年前，它叫“金武永”。始建于1932年的金武永公路，从金华、武义、永康的乡镇集市穿过，结束了三地不通公路的历史。这条具有里程碑意义的道路的筹建者，就是金华历史上第一位国际法专家——徐东藩。

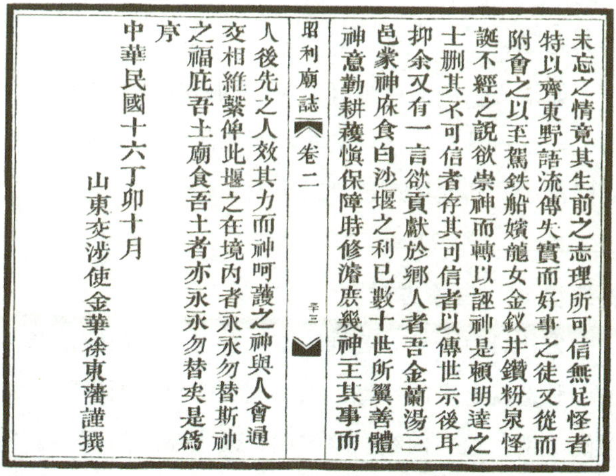
未忘之情竟其生前之志理所可信無足怪者特以齊東野語流傳失實而好事之徒又從而附會之以至駕鉄船嬪龍女金釵井鑽粉泉怪誕不經之說欲崇神而轉以誣神是賴明達之士删其不可信者存其可信者以傳世示後耳抑余又有一言欲貢獻於鄉人者吾金蘭湯三邑蒙神庥食白沙堰之利已數十世所冀善體神意勤耕穫慎保障時修濬庶幾神主其事而

昭利廟誌 卷二 十三

人後先之人效其力而神呵護之神與人會通交相維繫俾此堰之在境內者永永勿替斯神之福庇吾土廟食吾土者亦永永勿替矣是爲序

中華民國十六丁卯十月

山東交涉使金華徐東藩謹撰

●图5.1.7 《重修昭利庙志序》（部分）。1927年，徐东藩撰《重修昭利庙志序》，这位深受西学东渐思想影响的高级知识分子在文中提出“勤耕获，慎保障，时修浚”的理念，并对庙志中的齐东野语进行修正，“删其不可信者，存其可信者，以传世”，厘清历史的轮廓徐东藩（1887—1950），金华长山人，自幼勤奋刻苦，他以金华中学（今金华一中）首届第一名的成绩毕业并考入京师大学堂（今北京大学），后被派往英国伯明翰阿斯顿大学深造。回国后从事外交工作，成为顶尖的国际法专家。

自 1914 年开始，青岛被日本长期霸占。1922 年 3 月，徐东藩以"鲁案"专员的身份，参与了中国收回青岛主权的全过程，在谈判桌上夺回民族的尊严。为民请命和为国赴难，一直以来是知识分子的文化气场。

1937 年，抗日战争全面爆发，徐东藩回到故乡金华定居，自此淡出政治舞台。回乡后，他修桥铺路，捐资助学，把深情的目光投向故园。值得一提的是，徐东藩在母校金华一中设立了"东藩奖学金"，专门资助家境贫寒的优秀学生读完大学，开创金华民间助学的先河。

如果说，卢文台修筑了 36 条水利意义上的堤堰，那么，更多具有文化意义的堤堰在前人的身体力行中浑然自成，其数量远超"三十六"。

簪缨奕叶，白沙古村

万物皆有个性。怎样的水流有怎样的性格，怎样的山脉造就怎样的风骨。人类创造的村落同样具有鲜明的个性，沿白门线一路向西，溪水流经的百二十个村落如青山绿水间的一朵涟漪，把始终如一的澄澈告诉大地。

●图 5.1.8　一抹夕阳映水长　王剑波 / 摄

　　细数建有三十六堰的 36 个传统古村：六苟、停久、高儒、岭脚、石坞、周村、赛畈、乌云、青草，辽头、山脚、李兰、新兰、山后金、琅琊滕、琅琊徐、泉口、白沙卢、高田塍、后金、卢头、幽栏里、古方、后杜、新昌桥、大圩、横大路、白龙桥、叶店、黄堰头、王路荡、后童、竹园、东俞、临江、筱溪。这些村庄虽然有着不同的名字，却总有似曾相识的画意。在此简介几村。

　　停久村：

　　停久，古名辅仓桃源村，已有约 2000 年历史。[1] 相传，这里是卢文台久驻之地，因此得名"停久"。村落位于南山腹地，四周青山环绕，溪水曲折蜿蜒，勾勒出一处静谧的"仙源之地"。

❶ 章一平，邱琪 . 亭久村，白沙老爷卢文台的久驻之地 [N]. 婺城新闻网，2016-03-18.

　　村内分布众多文物古迹，如"白沙老爷"卢文台墓、祖塂殿、金钗井和停久堰等。祖塂殿位于村北，原名"隐真祠"，是百姓为追感"白沙老爷"卢文台而建。

　　祖塂殿正对卢文台墓冢，名"隐圣丘"。苍松挺秀，坐三台对五峰，左右两臂之山各离祠二里，寓为龙虎卫护。东北石山妩媚空灵，常年云雾缥缈，瑞霞蒸蒸，遂为"香炉山"。

　　相传白沙娘娘为解决百姓用水之困，拔下发髻上的金钗，掘地为井，故成"金钗井"。井水冬暖夏凉，除了供村民饮用，还灌溉良田 30 余亩。

● 图 5.1.9　金华市文物保护点卢文台墓　王剑波／摄

银坑村：

银坑村地处南山深处，是武义、遂昌、婺城三县（区）交界之地。该村原名金竹坪，因生金竹得名，至清朝后期曾开采银矿，后改名银坑。

银坑村奇峰环绕，尽现"奇、险、旷、幽"，南面是海拔 1324 米的小龙葱峰。"太极平板溪"，光洁平坦的石质河床，是一亿年前火山喷发后形成的地貌。

初春时节，映山红漫山遍野地开放，恰如当年在这片土地上燃起的燎原之火。1935 年 5 月，由粟裕、刘英率领的红军挺进师由门阵至银坑。红军一进村即武装群众，开展游击战，从此一把醒目的红色火炬在银坑村熊熊燃起。

●图 5.1.10　银坑是著名的革命老区，至今留有练兵场、会议厅等历史遗留建筑及遗迹。图为金华市文物保护单位"银坑工农红军挺进师活动旧址"　吴潮宏／摄

●图5.1.11　银坑村党支部的"传家宝"——红军挺进师司号员曾使用过的军号　吴潮宏／摄

粟裕于此筹划、指挥浙西南3年游击战争，创建了遂宣汤游击革命根据地。一大批有志青年加入红军队伍，广大穷苦人民积极支持、协助、投入红军开展的革命活动。至今，村中仍留有众多红色历史遗留建筑及遗迹。

1987年，银坑被省人民政府命名为革命老区。

周村：

周村位于沙畈乡，为乡政府所在地。村中现存明清时期古街，依山傍水，长约500米，曾是通往门阵、遂昌的必经之路。鼎盛时期，街道两旁商铺林立，鳞次栉比。

●图 5.1.12　府堂厅。府堂厅是村中最古老的建筑之一，有 700 余年历史，古时为习武堂　卓德强／摄

　　虞氏宗祠坐东南朝西北，占地 905 平方米，前后四进，左右设厢房。各进建筑均三开间，明间梁架四柱七檩，五架抬梁前后单步。据《汤溪虞氏宗谱》记载，雍正、乾隆间，虞长瑞与妻廖氏举案齐眉，家人和睦，传为美谈，嘉庆皇帝御赐牌匾"五代同堂"。

　　周村素有尚武之风。府堂厅是村中最古老的建筑之一，有 700 余年历史，古时为习武堂。府堂厅依山而建，一进比一进高，寓意"步步高升"。厅堂有三个"天井明堂"，精致气派，四周青石雕刻，墙面悬挂各式武术招式，厅堂内的木制结构均以上等木材架设，梁、枋、马腿、斗拱、雀替等都饰以雕刻。

水竹蓬村：

水竹蓬村是畲族聚居村。原址在沙畈乡境内海拔1175.6 米高的竹蓬尖旁，此地的畲族人民自清乾隆元年（1736）由福建省福清县五福乡的蓝观元支族迁入。由于此地多产水竹，且茂盛成蓬，故村名取"水竹蓬"。在服饰方面，村民们保留畲族的传统服饰，男子着麻布圆领的大襟短衣和长裤。妇女的服饰独具特色，大多是用自织的苎麻布制作，衣服是右开襟，衣领、袖口、右襟多镶有彩色花边。在民风民俗方面，村民热情好客，淳朴善良，并保持着原生态的畲族风情。

水竹蓬村从 2004 年搬迁下山后，将古老的村名和鲜明的地域文化一同保留。村中设立了畲族文化陈列馆，原始制茶机、犁、耙、蓑衣、风车、火笼、旧床、畲族服饰等相继收入，具有浓厚的传统农耕文化气息。更可喜的是，2020 年，村口立起了一块"全国文明村"的牌子。

●图 5.1.13 水竹蓬村是婺城区 4 个少数民族畲族村之一，畲族舞蹈别具风情。图为畲族青年正在跳舞 时宽兵／摄

杨塘下村：

杨塘下村位于金兰水库下游，村上方有一口池塘，名杨塘，村子正好在杨塘下方，所以取名为"杨塘下"。为唐建中元年（780）进士滕珦故里。

唐大和二年（828），时年 75 岁的滕珦致仕，文宗诏赐新第于白沙溪口。滕珦迁至白沙溪口，成为杨塘下滕氏始祖。

桃花源式的隐居生活是中国文人共有的情结。滕珦晚年居于白沙溪十余年，纵横古今，老有所乐，卒于米寿之年。值得一提的是，自唐代至南宋末的 500 多年间，滕珦后裔在外为官者甚多，有确切名字、世系的县令以上官员就有 297 人❶。

❶ 章一平，陈宜. 滕珦故里杨塘下，祖训传家六百年 [N]. 婺城新闻网，2016-04-22.

●图 5.1.14　省重点文物保护单位滕氏宗祠位于杨塘下村，宗祠整体设计颇具气势，完整地保留了明代建筑风貌　朱劲涛／摄

明清时期，杨塘下村曾有 18 座厅堂，现留存滕氏宗祠。滕氏宗祠始建于成化七年（1471），为省重点文物保护单位。宗祠较为完好地保留了明代创建时的风貌，前后四进，当中是数十根需一人环抱的巨大柱子，梁上饰有木雕，线条简洁明快，门面两侧有精美的砖雕和绘画，显示了一座大宗祠的非凡气势。

琅琊徐村：

琅琊徐村坐落于风景秀丽的琅峰山下、白沙溪畔，与山水相对，是古镇琅琊的集镇村。

在中国历史版图上，但凡与"琅琊"相关的地方都古老又神秘。在乾隆版《汤溪县志》中，称岩下徐，村东南 500 米处有山名琅琊，故称琅琊徐。宗谱里记载着，祖上是元明时期从中原迁徙而来，也把"琅琊"这个名字打进包裹带到江南来了。

●图 5.1.15　逐浪白沙溪。自 2018 年起，白沙溪琅琊段连续 4 年举办全国山水四项公开赛　吴潮宏／摄

　　村庄依偎着琅峰山风景区，自然、人文资源丰富，白沙溪第一堰自西向东穿村而过，堰水灌溉农田。这一方山水是村庄的"金名片"。近年来，此处先后举办多届全国山水四项公开赛、中国皮划艇巡回赛等体育赛事和"卢文台治水"文化节等人文活动。远山依依，影影绰绰，人与水的互动充满活力，焕发生机。

　　古方村：

　　古方村原名酤坊，单听这名字就仿佛闻到了酒香。古方村兼有制酒、制砖、制陶及其他各类手工业。因地处南山口外，水陆交通畅达，商贸自古繁荣，也称"南溪街市"。

　　早在北宋年间，古方村就有人居住，并在较长的一段时间里是白沙溪流域最大的村落。自三十六堰兴建后，古方村人丁兴旺，生产发展迅速，货物大量流通，南山大量的木材、毛竹、箬叶等山货均靠水路运输。古方成为人口流动往来的重要驿站，店铺林立，客商络绎不绝。

　　白沙溪流域丰年稔岁，古方一度成为水稻高产地之一，也带动了酒业的兴旺。酒坊以粮食和溪水为原料酿酒，酒的口味甘甜醇香。唐宋时期，"酤坊"酒坊是专门制酒售酒的官家酒坊，明清时期形成较大规模，古方村成为白沙溪流域酒业繁荣的一个小小缩影。

　　朱氏宗祠始建于明洪武初年，扩建于弘治年间（1488—1505），重修于2018年。祠堂坐北朝南，平面布局为长方形，三进五开间，进深近200米。主轴线上有门厅、正厅和寝堂，两边有厢房和耳房，室内豁然开朗，宽敞通透，是浙江省难得一见的高规格、大体量、保存完好的明代夯式古宗祠。

●图 5.1.16   第五堰。第五堰也被当地人称为古方堰，位于古方村外。古方村以酒得名，制酒业颇具规模，也从一个侧面反映出当地粮食产量丰富   卓德强／摄

紫阳书院又称紫阳寺，与宗祠同气连枝。"紫阳"是朱熹的别称，该书院是古方朱氏族人为纪念先祖而建。《金华教育志》记载，紫阳书院建于明代，是古时地方的重要塾馆，是族人祭拜、纪念朱熹的场所，又作本邑各姓门生弟子读书习经的场所。民国至解放初仍作学校使用。

新昌桥村：

新昌桥村位于白沙溪缓冲平原，洞山堰、旱龙堰、马潭堰三座古堰在村外依次铺排。据说，古时溪面上曾有木桥一座，名"新昌桥"，村名便由此而来。

据《新昌徐氏宗谱》记载，明朝永乐年间（1403—

1424），徐克广从武义履坦迁移到此定居，逐渐成为大族。如此算来，新昌桥村距今已经有600多年的历史。

●图 5.1.17　新昌桥村一景　吴潮宏／摄

同时，新昌桥村也是明永乐、洪熙、宣德三朝太医院功臣、御医杜通的故里。明宣德皇帝朱瞻基对杜通礼敬有加，在杜通晚年致仕之时，亲赠御诗一首，诗曰：

太医老卿七十余，胸蟠千古岐黄书。

纍含白雪面红玉，长纤锦绶鸣琼琚。

●图 5.1.18　位于新昌桥村的明朝太医杜通故居　吴潮宏／摄

临江村：

临江村位于金华江畔的半丘陵半滩地的沿江湾地，白沙溪在这里拥抱婺江。白沙古堰的最后三堰集中于临江村边。上河堰、下河堰位于临江村东南，今改为橡皮坝；中济堰位于东俞村，灌田 20 余亩，为三十六堰之末。

临江的兴盛与独特的地理位置有关。古时客运和货运主要借助水运，两江交汇之处的临江成为金华主要的水陆码头，也是相邻府县驿道的必经之路。一时间，临江商贾云集，各地的手艺人择地搭铺经营，明清时期达到鼎盛。有资料显示，这里是金华商帮的发祥地之一。

●图 5.1.19 白沙溪入江口 卓德强 / 摄

　　临江码头繁华，渔舟唱晚，渔火映照两岸，著名
的"明清一条街"掩于村舍民居、亭榭楼阁之中。老
街东西走向，街头到街尾仅 500 余米，村内明代的古
建筑群至今保存完好。

顿悟禅道，白沙古庙

　　庙，原本是祭祀先祖的场所，之后人们也将对某
地有特殊贡献的人物立庙敬仰。

　　以祭祀卢文台为主的白沙古庙群星罗棋布于南
山的溪谷平原。它们围绕三十六堰而建，几乎是一堰
一庙，成为民间信仰的汇集地。邻近的义乌、浦江、
武义、兰溪、遂昌等地也有分布。

●图 5.1.20 白沙溪流域白沙庙分布图。白沙古庙群大多与三十六堰相应和，称得上是一堰一庙 崔世文／制

"三十六庙"具体来说，是沙畈乡境内的停久祖塎庙、黄潭昭利庙、小井坑白沙庙、六苟水口庙、高儒昭利侯庙、山脚福民庙；琅琊镇境内的白沙昭利庙、琅琊徐本保白沙庙、铁店石岩庙、新殿下东山庙、上盛南山庙、雅城永镇庙，以及淹没于库区的妙康八角庙、黄石塔坛头庙、石人山白沙庙、岳村下陈庙、黄坡兰庙、大岩新庙、白沙卢关王庙；属于白龙桥镇的

有马海庙、古方元檀庙、洞山关王庙、新昌桥胡公庙、天姆山庙、下杨永丰庙、清塘下花园庙、黄堰头景安庙、后童昭利庙、山下施庙；位于蒋堂镇的有开化庙、董村庙；长山乡有伏龙庙、西镇庙、下溪蜀山庙、马正白沙庙；乾西乡有港口庙、栅川白沙殿。❶

❶ 张柏齐，崔士文．白沙古堰的历史与传说[M]．杭州：浙江工商大学出版社，2013．

其中，停久祖埠庙、白沙昭利庙、古方元檀庙、横大路马海庙、栅川白沙庙、长山伏龙庙，被列入市、县（区）文物保护单位。下面简要介绍几处古迹。

祖埠庙：

祖埠庙，原名"隐真祠"，位于沙畈乡停久村，与卢文台墓相对而建。它对这片土地来说极具历史意义——这是第一个追念卢文台的庙宇。

●图 5.1.21　祖埠庙。祖埠庙是第一个用以纪念卢文台的庙。可以说，推开祖埠庙的大门，就站在了一段地方文化的入场口　王剑波／摄

历史上，祖埒庙经过多次重修重建。如今的祖埒庙白墙红梁黑瓦，画像泥塑供台，陈设简单。前后两进，每进各三间，占地 500 平方米，开八字大门，中间置穿廊，左右为壁画，殿上檐悬"白沙大帝""昭利侯""武威侯"等匾额。白沙老爷、白沙娘娘、茅大尉、蔡令公等一众画像分列左右。

每月的初一和十五，附近十里八乡的村民会聚集于此。尤其是正月，传说每年正月初六是白沙娘娘生日，当地百姓敲锣鼓、举旗幡，举着白沙老爷画像，列队到祖埒庙前祭祀。

●图 5.1.22　祖埒庙白墙之上，记有卢文台生平事迹。图为祖埒庙一景　王剑波／摄

　　庙柱有对联，其中一副为"东汉丰功堰开三十六，南虞胜境会逢甲子年"。今天的人们由此推测，该庙建于东汉中平元年（184）。祖埂庙2004年被列为金华市文物保护单位。

　　白沙庙：

　　白沙庙亦称昭利庙，于三国吴赤乌二年（239）始建，是金华境内最古老的庙宇，至今多有诗文碑颂流传。

> 　　吴黄武四年，三月大水，庙之香火漂
> 至白砂。居民范氏复诸官，官请诸朝。吴
> 王命诸葛恪、杜宣核其故。不诬，乃许建庙。
> 　　　　　　——宋·杜旟《宋昭利庙碑记》

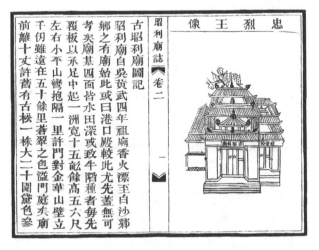

●图 5.1.23　古昭利庙图

由吕祖谦的学生杜旟所作的宋碑，还原了白沙庙的兴建往事，而另一段关于白沙庙选址的传说，在百姓中口口相传。黄武六年（227）的大水使祖埭庙的香炉漂流到白沙卢村边，于是人们就此选定庙址。

白沙庙在近 1800 年的历史中，屡毁屡建，兴废甚多，自唐至近现代都有重修重建的记录。最近的一次是 1992 年，当地百姓捐款捐物，出钱出力，按原貌恢复，并举办了一场盛大典礼。

今天的白沙庙，占地 900 平方米，坐西朝东，重檐歇山顶，面阔五开间单层，进深六柱十一檩，地面铺水泥仿制的方形磨砖，明间前部重檐外金柱之间有一块荷花石板，上饰有各式荷花纹样，四周为圆纹，颇为雄伟。

相传每年农历九月十三是卢文台诞辰，邻近村落的百姓会自发聚于此，举行盛大的庙会。

马海庙：

马海庙也称马海地昭利庙，于明代重建，清代重修，殿前八字大门，建有戏台，檐明间两侧，有双井与庙共存。大殿坐北朝南，占地面积 530 平方米，前后三进，左右设厢房。第一进大门，两厢有鼓和钟；第二进中院，白沙大帝、白沙娘娘神像；第三进后宫，为卢公堂。西侧建一座"三保经堂"的观音堂。

该庙由马海畈数万亩受益农田的民众为感念"白沙老爷"兴建第三堰、风炉堰、旱龙堰、华山堰、第五堰、万潭堰的丰功伟绩而建造。

洞山塔：

洞山塔立于白沙溪畔洞山之上，翠竹迎风，古塔高耸。

　　塔起源于印度，随佛教兴盛于中国，被人们赋予了更多的思想寄托和文化价值。于是，风水塔在明朝初期兴盛起来。

　　洞山塔是一座六角七层楼阁式砖塔，高 30 余米，塔身逐层内收，每层青砖檐头，外壁绘有佛像、壁画。塔底层券门上嵌石匾一块，上刻"耸壑昂霄"四字。这是乡民们对文运昌盛、风调雨顺的朴素祈祷。

　　石匾最动人的亮点是一个小小的细节，所署年份——万历乙未仲夏，即明万历二十三年（1595）。

●图 5.1.24　洞山塔远景。洞山塔建于明万历年间，白沙溪行到此处骤然增宽，洞山塔找到了融入这里的理由　卓德强／摄

第二节　风俗沿袭　礼敬传统

悠远的历史和鲜明的地域文化，对于自给自足的传统农耕社会而言有着特别的意义。中国传统文化中"耕读传家""天人合一"的思想和惩恶扬善、敬天法祖的教化体系在历史悠久的地方文化中以丰富多样的生产、生活方式得以传承，成为民间传统文化中最富生命力的组成部分。

自三十六堰建成之后，民间风俗的舞步在这片绵延起伏的丘陵上衣袂飘飘，坚实地踩在泥泞的田埂上，与辛勤劳作的民众同呼吸、共命运，一同回望和遐想那些曾经存在过的、遗存着的众多有迹可循的逸事和传奇。这些逸事与传奇不曾亏待白沙溪畔的戏台。

●图 5.2.1　传统民俗木偶戏　卓德强/摄

文化标识，民俗遗风

旧时，每逢白沙庙重建开光，卢文台农历九月十三诞辰或三月十六祭日，各村都会组织庙会，且往往会吸引三十六堰灌区的其他受益村加入。白沙庙会逐渐成型。

1948 年，白沙庙重修竣工。这年十月初四，白沙溪畔举行了盛大的庙会，金华、兰溪、汤溪三邑数万名群众参加。这次庙会成了被民众记忆、谈论几十年的文化事件。

据记载，庙会当日千烛辉煌，烟雾缭绕，人流如水，熙熙攘攘。临近村庄各显特色，如叶店村恭送珠灯 100 盏，琉璃灯 50 盏，彩灯 30 盏，花篮灯 50 盏；东俞村陈列 10 张八仙桌祭品，除有熟牲、水产、水果、饰品外，还有用面粉捏制的、竹木雕刻的、珠宝串成的"猪""牛""羊""兔""虎""豹""花""蝴蝶""孔雀""天鹅"等精湛的手工艺品。❶

❶ 金华县志编纂委员会. 金华县志 [M]. 杭州：浙江人民出版社，1992.

●图 5.2.2 传统民俗叠馒头 傅卫明／摄

庙会使十里八乡的百姓形成了文化认同的凝聚
力。而类似的庆典活动，也是汉代后与婺州水利建设
密切相关的社会活动之一。

白沙舞队：

白沙舞队是一种极古老的原生态习俗表演，仿周
礼策划，每一甲子的辰年举行，曾流行于停久、高儒
一带。舞时，由1人执杖前引，随后4人身着黑衣，
头上插花，代表春、夏、秋、冬四季，之后，是24
个十余岁的童子，身穿红衣，头上依旧插花，代表
二十四节气。一队人舞狮舞蹈，时聚时散，甚是好看。
或有参与者击鼓呼喊，响声震天动地，回旋山谷之间。
其间穿插方言编成的七字吉利话，祈求四季平安。

●图 5.2.3　传统民俗猜灯谜　傅卫明／摄

遗憾的是，这项民俗大约于清嘉庆年间（1796—
1820）失传。好在明代地方学者杜翔凤曾亲历舞队并
填词一阕，让悠远的历史结成缆索。

　　舞队未旋狮已跳，插花一团红日曛。

迎神神醉赐神休，听竹爆，黄鹂噪，旌动

龙蛇香气罩。

　　坛上扶犁坛下钓，风拂晴云花意闹。

喧嗔箫鼓应山鸣，杯酒醉，休春懊，岁计

从头占侯到。

　　　　　　——明·杜翔凤《天仙子·舞队》

　　摆胜：

　　每逢开办庙会或其他庆典，各村多会举行"摆胜"。这项习俗广泛流行于汤溪一带。

　　摆胜场面颇为盛大。供奉品种五花八门，有蔬菜果品和三牲飞禽，有各式字画和民间古董，还有雕刻、刺绣和剪纸等手工艺品，花色品种多达数百。这一天，各地的民间艺人汇聚于此，用精湛的技艺表达祝福，共同为来年的风调雨顺祈福。

　　斗戏：

　　每逢庙会或开光的日子，富户常会独资聘戏班来演戏。巧时，会遇上两户人家分别请来了戏班。在一个地点有两个戏班同时演出，就形成了"斗戏"。

　　据当地老人回忆，1948 年，筱溪村的庙会上，就出现了"老智云""大荣春""方荣福"三个戏班"斗戏"的场面，戏演了三日四夜。每场演出开始和剧终都以放铳为号，统一行动。先锋号头声，接着锣鼓声、唢呐声、丝竹声此起彼伏。为寻看好戏，人群忽涌东，忽挤西。斗戏的结果往往以台前观众人数的多少来评判，因此戏班都拣自家的拿手好戏争雄。当时更有一段出自汉代，称得上"戏剧祖宗"的木偶戏，让十里八乡的百姓尽饱眼福。直至许多年之后，这次斗戏还为人津津乐道。

●图 5.2.4   传统民俗"摆胜"   傅卫明／摄

迎龙灯：

迎龙灯是金华地区极具特色的传统民俗文艺活动。传说龙能行云布雨，因此在依水而兴的白沙溪流域，这一习俗占有重要地位。白沙溪全流域120余村，是整个金华最集中举行迎龙灯的区域之一。

●图 5.2.5　婺剧，俗称"金华戏"，浙江省地方戏曲剧种之一。图为婺剧演员　傅卫明／摄

龙头多用篾丝和皮纸配以琉璃灯精心扎糊。每家每户出壮丁一人，随带板凳一条，灯笼一个，将各家的板凳连接起来，安上灯笼，加上龙头龙尾，组成绵长的板凳龙，专名"桥灯"，有金龙、白龙、乌龙、黄龙等，色彩艳丽。桥灯通常有数百"桥"，多者可达千余"桥"，绵延四五里。龙灯越长，越说明该村庄人丁兴旺。迎龙灯，祷丰收，民间传统文化的生命力蔚为壮观。

●图 5.2.6　传统民俗迎龙灯　傅卫明／摄

地理标志，古朴风物

　　一方水土养一方人。白沙溪两岸绿浪翻滚、风光秀美，孕育出以三十六堰为核心的治水文化，以金华酒为核心的酒文化，以铁店窑为核心的婺窑文化等互相交融的文化体系。

●图 5.2.7　"守"艺人　徐宏涛／摄

金华酒是稻米的产物，兴于穰穰满稼的沃野；是水的精华，出自清洁澄澈的白沙溪。冬至后的第一场雪覆盖了婺州大地，白沙溪畔的金华酒便开始香了。

唐代诗人韩翃在《送金华王明府》中写道："家资陶令酒，月俸沈郎钱。"这是迄今所知对金华酒最早的吟颂。可见，早在唐朝人的樽中月影里，金华酒已化作男人的肝胆和女子的红晕。

金华酒素以一担米出一担酒，由此以酒"肉厚""不上头"闻名。飘香的酒液里丰腴了许多英雄和故事，也催生了几多诗句与华章。

金华酒的酿造历史可以追溯到商周时期。"白醪酒"采用泼清、沉滤工艺，酒色清纯。汉代之后全国实行"榷酒"之政，即酒类由政府专营。唐宋时期，白沙溪流域的"醓坊"，是专营制酒售酒的官家酒坊，酿造的金华酒声名远扬，白沙溪"白糍酒"经过不断改进，在北宋年间广为推崇。"白糍酒"自水路销往全国各地，京城汴梁和齐鲁一带的达官贵人们均奉其为佳品。吴越王钱镠为偏安江南，岁岁向各王朝进贡，其中的金华酒为定制的贡酒，直至元朝，官府始终将金华酒的酿造方和酒曲方定为"国家标准"，并加以推广。

到了明清，金华酒的醇香使全国沉醉。明末顾起元著的《客座赘语》中记载："京都士大夫所用惟金华酒。"同时期的冯时化著的《酒史》曰："金华酒，金华府造，近时京师嘉尚。"及至《金瓶梅》《三言二拍》《事林广记》《名酒记》中亦频繁提及金华酒，可谓"曲米酿得春风生"。

●图 5.2.8　白沙水制金华酒古已有之。丰富的粮食产量和先进的加工技术，再配以清冽的溪水，酿酒文化的熠熠生辉自是水到渠成。图为酒窖一景　卓德强／摄

　　应该说，酒的醇香很大程度上得益于水。清乾隆年间的诗人袁枚做出了总结，他在《随园食单》中写道："金华酒，有绍兴之清无其涩，有女贞之甜无其俗，盖金华一路水清之故也。"

　　走过时光的窖藏，由白沙溪水酿制的金华酒从官家走向民间，其酿造技艺被列入金华市非遗代表性项目名录，得以保护性传承。

　　1976 年夏天的一个湿漉漉的日子，韩国新安海域打捞起一艘来自中国的元朝时期的沉船。随着发掘和清理工作的深入，2 万多件青瓷与白瓷，数以百万计的钱币和 2000 多件金属制品、石制品、名贵木制品刺激着人们逐渐缩小的瞳孔。这就是当年被称为划时代发现的"新安沉船"事件。

不久之后，考古学家在面对古瓷器时犯了难。沉船中的青瓷大部分出自龙泉，白瓷和青白瓷一多半来自景德镇。但是在青色和白色之间，还有 155 件泛着大海般幽蓝色的，类似钧窑的精美变釉瓷器。它们来自何处？产自哪个窑口？属于哪个年代？考古学家无法解答，只能暂且将其命名为"钧釉系瓷器"。

●图 5.2.9　新安沉船示意图　（图片选自《八婺古韵》）

解决中国的古瓷问题，自然得由中国人来完成。20 世纪 80 年代，我国著名的陶瓷专家冯先铭研究这批"钧釉系瓷器"时，脑海中浮现出一见如故的亲切——20 世纪 50 年代初，在浙江金华白沙溪边的一处古窑址上，他曾拾起过一块相似的残片。

同样把目光投向白沙溪的，还有时任金华地区文物管理委员会主任的著名考古学家贡昌。自新安沉船被发现后，他就在浩如烟海的古籍和连绵起伏的南山中搜寻金华人渐渐遗忘的古老工艺。不久，他的一篇论文《略论南朝鲜新安沉船出土钧窑系瓷器的窑口》引起轰动。

唐·青釉瓷碗   唐·青釉瓷盏

唐·青釉瓷碗

唐·褐釉瓷碗
曹兆清捐赠

唐·青釉斗笠瓷碗
曹兆清捐赠

唐·青釉瓷碗

●图 5.2.10　新安沉船中出土的部分铁店窑瓷器　（图片选自《八婺古韵》）

●图 5.2.11　指尖的艺术　吴潮宏／摄

在两位瓷器专家的努力下，这批寄"名"篱下的瓷器终于"认祖归宗"。两位学者几乎在同一时期说出同一个名字——琅琊铁店。

铁店窑址位于琅琊镇三里开外的铁店村，可以说这片土地专为瓷器而生。坡度舒缓的丘陵极适宜安放龙窑；土壤含铁量丰富，足以满足工匠挑剔的目光；周边树木众多，可提供充足的柴薪；一箭之外的白沙溪，在那个以水运为主要交通方式的年代，为铁店窑瓷器的远销提供了便利。天时、地利均已完备，只待"人和"的加入，而那片土地上的人们没有辜负自然的馈赠。今天的人们发现，铁店不到 10 平方千米的丘陵之上，竟有数十处古窑址。铁店窑成为婺州窑系之中的翘楚。

●图 5.2.12 乳浊釉釉彩多为天青、天蓝、月白色，俗称"天青月白"。图为乳浊釉瓷器 吴潮宏／摄

唐代，铁店的工匠在烧制青瓷的基础上，创造了乳浊釉窑变工艺，比北方的"钧窑"早了 100 多年，

这一工艺成为铁店窑的代表。散发着优雅的蓝光的瓷器的出现，是对工匠们每一滴汗水的最好回报。

乳浊釉是一种二液相分相釉，两次上釉、一次烧制的工艺，这种工艺在当时独一无二。窑工采集瓷土，经碾磨、泡水、过滤，至质地细腻方才使用，并选在气候干燥、天气晴好时拉坯、烧窑。因温度、湿度等诸多因素，釉彩可谓自然天成，多为天青、天蓝、月白色，俗称"天青月白"。烧制的瓷器有碗、盘、三足鼓钉洗、鬲式炉和花盆等日常生活用器。除了民用外，铁店窑瓷器还被送进宫廷并远销各地。因多方原因，铁店窑薪火难继，于元代后期逐渐淡出人们的视野，再一次出现竟是 1976 年。

●图 5.2.13　婺州窑国家级代表性传承人、中国工艺美术大师陈新华考察铁店窑遗址　卓德强／摄

铁店窑址在 1989 年被列为浙江省政府重点文物保护单位后，在 2001 年又被列为全国重点文物保护单位。遍数全国数以万计的瓷窑遗址，被列入全国重

点文物保护单位的仅有 22 处。

　　狮子岩白茶生长在云遮雾障的南山上，且为八婺大地上除却北山举岩贡茶外，唯一一款有名有姓的茶。❶

　　狮子岩位于南山白沙溪的发源地，民国《汤溪县志》记载："（狮子岩）石塘东北，形如狮踞，上有石洞，如狮张口。相传古有寺，今产白茶。"

　　据当地人介绍，狮子岩上原有古寺，寺庙旁边有口泉眼，泉眼边有两棵老茶树。和山里别处的茶树不同，这两棵老茶树叶子整体偏白，村里人都管它们产的茶叶叫"狮子岩白茶"。时至今日，泉眼难寻所在，古寺只余石基，两株茶树的去处说法不一。

❶ 张苑. 塔石山中有狮子岩白茶 [N]. 婺城新闻网，2015-07-03.

●图 5.2.14　春日炒茶　吴潮宏／摄

白茶，因成品茶多芽头，满披白毫，色白隐绿而得名。但是，狮子岩白茶与其他白茶不同，自为一种，"其条敷阐，其叶莹薄。崖林之间，偶然生出，虽非人力所可致"，并且"芽英不多，尤难蒸焙，汤火一失，则已变而为常品。须制造精微，运度得宜，则表里昭彻，如玉之在璞"。据说，这白茶产量极少，须用狮子岩口的古井水冲泡，汤色似牛乳，亦似霜雪。

雾失楼台，桃源望断。盎然春色里，一支支茶芽生发着曾经的风骨，讲述着一段南山名茶史。

第六章

润泽三吴地
波余两千年

▶ 金以刚折，水以柔全。
　　——《抱朴子》

●图 6.1　千年宋韵，文化金华　吴潮宏／摄

　　金华人有足够的理由自豪，迤逦的自然风光成为沟通浙东唐诗诗路和钱塘江诗路的飘带，也展开钱塘江诗路文化带上的旖旎篇章。古往今来，人们从科技和人文的两端疏浚文化的脉络，赋予今天这座城市对于过去和未来的双重自信。

第一节   文化结晶   世界遗产

白沙溪似乎具有某种特别的魔力，它要么默默无闻，要么惊天动地。2020 年 12 月 8 日对金华来说意义重大。国际灌排委员会第七十一届执行理事会议公布了 2020 年世界灌溉工程遗产名录。白沙溪三十六堰向世界展示了悠久的治水文化和优越的水资源禀赋，与福建省福清天宝陂、陕西省龙首渠引洛古灌区、广东省佛山桑园围携手入选。白沙溪三十六堰也成为全国第 23 个、浙江省第 6 个、金华市首个世界灌溉工程遗产。

●图 6.1.1   北京时间 2020 年 12 月 8 日，国际灌溉排水委员会第七十一届执行理事会议在线上召开，现场公布了 2020 年世界灌溉工程遗产名录，白沙溪三十六堰成功入选   朱劲涛 / 摄

值得一提的是，世界灌溉工程遗产是国际灌溉排水委员会从 2014 年开始评选的世界遗产项目。时至今日，它的主要意义不仅是以古代的水利经验给现代以借鉴，也是作为一种精神文化的象征，让人们认识到一个古老文明的保存与流传是何等艰辛，认识到一个

古老民族对美好生活的向往与追求是何等矢志不渝。

　　不难发现，入选其中的工程往往具有灌溉与文化的双重属性。与郑国渠、都江堰、灵渠等古老的中国"人水和谐"的杰作放在一起，三十六堰丝毫不觉怯场。这项 1900 多年前的水利工程，没有成为西风落日下的废墟，没有成为学者们苦思冥想的难题，只把悠远的历史结成链条，让广大民众产生凝聚，为丰腴的土地长存火种，然后像是在不经意间，就在中华民族的史册上留下了点什么。

●图 6.1.2　琅峰山下的第二堰是游人消暑戏水的理想去处　郑过江/摄

思想凝聚，文化自信

　　三十六堰不仅仅是一座座"旱涝保丰收"的水利工程设施，也是一个地区展示社会进步和文化繁荣的"窗口"。

　　著名社会学家费孝通老先生曾经总结了文化关系发展的"16 字箴言"——人类社会文明总会走过

四个阶段，初期是以自身价值观为判断标准的"各美其美"，之后是理解并尊重其他个体的"美人之美"，继而是以坚守自身价值并尊重他人合理关切的"美美与共"，最终形成多元共生的"天下大同"。三十六堰灌区文明体系的形成和发展正是沿着这条路走来的。

三十六堰的农耕文化是劳动人民生产生活智慧的结晶，体现和反映了传统农业的思想理念、生产技术、耕作制度以及文明内涵。不仅如此，细数白沙溪流域古迹，除了规模庞大的古庙群之外，还有22处历史文物点，其中国家级1处，省级5处，也展现了这一地区深厚的文化底蕴。自唐宋至明清，讴歌白沙溪、赞美山乡的诗文佳作颇多，历代文人雅士以中国古代优美的文学形式，抒发着纯和雅趣和敦厚情感，勾起人们心中的无限诗意和唯美联想，逐步形成既体现江南特色，又具有独特个性的地方文化。

●图 6.1.3　对美好生活的向往是人们不变的追求　傅卫明／摄

上古时期，先民在大禹的带领下，历经千辛万苦走出洪水困境，获得重生，古老中国规模庞大的治水活动也产生了集权与专制。古老的传说、神化的人物将吴越文明与泱泱华夏文明联系在了一起。这是中华民族哲学范畴的一个特点， 也是中国人民在治水中形成的特有哲学。❶

❶ 李云峰. 水的哲学思想——中国古代自然哲学之精华 [J]. 江汉论坛，2001（03）：63-67.

●图 6.1.4 旱龙堰畔音乐会 叶旭文 / 摄

从某种意义上说，被神化了的大禹，包括传说中的女娲氏"积芦灰以止淫水"，共工氏"壅防百川，堕高堙庳"，崇伯鲧"作城""障洪水"等，这些传说实质是人们对治水平土、创造美好生活的精神渴求和向往。至今仍在流传的诸多有关卢文台的治水传说也是如此。当时的人类处在生产力低下、科技不发达、视野不开阔的时代，对许多自然现象无法解释，对自然规律无法认识，加上对自然现象的侵害无法抵抗，对"治水者"的敬仰和崇拜，使治水历史逐渐演变为神奇的传说和神话，并不断延续。

物质富裕，精神富有

白沙溪三十六堰是水利活动留下的珍贵文化遗产，是人类共同的精神财富。

●图6.1.5 点赞五水共治。古有开堰筑坝，近有筑库修渠，今有五水共治 洪兵／摄

三十六堰的修筑，使白沙溪两岸成为旱涝保收、沃野数百里的浙中粮仓，金华的农业、手工业和商业的繁荣就此有了坚实保障，也奠定了金华在浙江中部的政治、文化和经济中心地位。

从古代诸多诗人描绘、赞美白沙溪三十六堰的诗词中,可以窥见灌区对金华社会经济发展的支撑作用。历史上,金华的农业、手工业和商业发轫较早。汉代时,金华就是产粮区,两晋时已广泛植桑、养蚕、种茶。唐代,婺州的纤、锦、罗等优质丝织品已被列为贡品。至于宋代,尤其是南宋,靠近京畿重地的金华是国家税收基地和军事重镇,经济和文化发达。唐宋以来,婺州窑发展日趋鼎盛,三十六堰的大量水碓被用来破碎原材料高岭土,大大提高了生产效率。金华的纺织业兴盛,"民以织作为生,号称衣被天下",兰溪出土的宋淳熙元年(1174)陪葬棉毯,是我国历史上发现的最早的棉毯,已达到相当高的工艺水平,说明当时的棉纺织技术已很成熟。

值得注意的还有堰坝管理制度。大凡某一长期运行、较为稳定的水利灌区,皆须倚赖一定的水利规约和民间习惯,且在其基础上形成有效的管理模式。群众自治组织在三十六堰管理中发挥的作用举足轻重。

人类为了满足生存和发展的需要,会采取各种措施,对水资源进行控制和调配,防治水旱灾害。水利设施对增加粮食产量、改善百姓生活产生了积极作用。

农田水利事务始终与民众息息相关。民众参与到农田水利事务的管理中,往往对提高农田水利事务的管理水平有积极作用。出工与受益的对等与协调始终是农田水利管理遵循的原则,也是农田水利管理的特点之一。[1] 在有迹可循的三十六堰历次重修维护工程中,由官府和堰会组织,规定一系列的摊派规则来解决人力、财力、物力问题,一般有两种方式:其一是针对规模较大的堰,凡富裕者交纳现金或稻谷,贫困

[1] 李云鹏. 从灌溉工程遗产看中国传统灌溉技术特征 [J]. 自然与文化遗产研究 .2020, 5(04):94-100.

者"以工代资",即参与修堰修渠,以劳动抵财物;
其二是统一根据田亩面积向受益户摊派稻谷实物或现
金,对未缴费用而私自用水者会有一定处罚。

公平,是人们普遍追求的价值观念。于是,在人
人参与、人人尽责的基础上,人人享有的"水利共同
体"逐步形成,并以人物崇拜和祭祀仪典为纽带,凝
聚政府与民众,通过纪念工程创建者和突出贡献者,
使"水利共同体"中的百姓建立起感恩前人、保护延
续、共享共赢的文化认同。这也是两岸百姓对"共同
富裕"的践行。

●图 6.1.6　"甜蜜"的事业　吴潮宏／摄

●图 6.1.7　收获　吴潮宏／摄

绿水青山，金山银山

　　在由白沙溪三十六堰灌溉工程遗产体系支撑起的
1900 多年的农业开发过程中，灌区规模逐渐扩大，
人口和经济规模显著增长，而生态环境并未恶化。从
历史发展的客观现实看，灌溉工程广泛分布并持续发
挥作用，扩展了人类的生存空间，改善了金华地区水
资源空间分布，在取得巨大农业生产效益的同时，控
制了水患，塑造、维持了灌区生态绿洲的稳定性。

　　在人们走向文明的进程中，人类对自然资源的开
发利用达到了前所未有的规模，往往会超过自然界的
承载能力。人与自然的矛盾也在人与水的关系中表现
出来，被称为"水资源危机"。一方面，由于人口剧

增，生产快速发展，对水资源的需求量增加迅速；另一方面，由于人类对植被的破坏降低了地表蓄水的能力，造成水资源短缺。

今天的研究发现，古代三十六堰水利工程的建筑材料以石、木和竹为主，河工构件也直接来源于自然。这类因地制宜、就地取材的工程形式与河流环境融为一体，展现了古代水利规划与建筑的自然观念。同时，"以潭筑堰"的方式增强了溪潭的消能作用，稳定了白沙溪的河床，增强了溪潭对河道推移质的分选能力，有利于维护区域生物多样性，具有极高的生态保护价值。

●图6.1.8　乌云石拱桥。乌云石拱桥位于沙畈乡乌云村，建于明代，以溪滩上的鹅卵石建成。在当地人心中，它代表一个乡土符号——到了这儿，家就在前方　王剑波／摄

●图 6.1.9　白沙溪生态绿道　卓德强／摄

今天，越来越多的人意识到了生态系统的重要性，特别是在利用水资源时，充分考虑生态系统是非常重要的。白沙溪两岸以兴建水利为基础，带动农业发展，灌区内的村落、农田、水网、丘陵等共同构成乡村景观系统，由北部城区起向南边乡镇延伸，呈现线状绿色空间结构。两岸文化、自然景观资源丰富，生态环境优越。灌区内有以白沙庙为主体的古寺庙群，以及一众文物保护单位和"琅峰山风景名胜区"等，可谓集文化、生态、旅游资源为一体。❶

随着城市化脚步的迈进，山水园林等具有独特美学意境的水利工程建筑和自然景观融为一体，构成一道独特景观，为城市建设提供了较高质量的景观环境、人居环境和生态环境，对城市规划和发展有重大影响。

❶ 方濒曦，金衢盆地古堰坝灌区研究——以金华市白沙溪三十六堰为例：中国风景园林学会 2020 年会论文集（上册）[C]. 北京：中国建筑工业出版社，2020.

●图 6.1.10 琅峰山景区 吴潮宏／摄

同时，白沙溪地下深层的红层裂隙地层，地下水量达 2 万立方米每昼夜，年产水 730 立方米，而且一堰一潭储水丰富，串起了金华城区沙畈水库和金兰水库两大饮用水水源地，为白沙流域形成白沙文化释放出巨大的能量。

从生态环境保护角度着眼，三十六堰促进了浙中生态廊道建设，补齐生态环境短板，助力"绿水青山就是金山银山"的实践，谱写了绿色发展新篇章。

第二节　诗词礼赞　清渠长流

自唐宋至明清，历代文人雅士讴歌白沙溪、礼赞南山的诗文佳作颇多。即使时隔千年，身处新时代的人们再回首品读那些动人的诗章，依然能深切地感受

到古人的纯和雅趣、敦厚情感，勾起心中的无限诗意
和唯美遐想。

●图 6.2.1　静　卓德强／摄

古越音韵，诗赋白沙

雨中花·隐真祠

唐·明标

辅剿赤眉勤远服，怎生得隐身林麓。

托业开田，昭灵筑堰，常裕民仓足。

几点苍山云外矗，见一片白沙潆曲。

香粉潭浓，金钗井暖，犹是汉时绿。

避寇白沙驿

唐·贯休

避乱无深浅，苍黄古驿东。

草枯牛尚龁，霞湿烧微红。

世道时时变，人愁处处同。

犹逢好时否，孤坐雪濛濛。

白沙溪遗兴

宋·王淮

白沙三十有六堰，春水平分夜涨流。

每岁田禾无旱日，此乡农事有余秋。

功驰汉室为名将，泽被吴邦赐列侯。

千古威灵遗庙在，至今血食偏遐陬。

昭利庙祷雨歌

宋·杨通

将军辅汉真英雄，身名两隐山林中。

乌云青草闭神寝，碧梧翠竹环仙宫。

几度神前捶大鼓，太守乞灵巫见舞。

昭昭圣德古今同，一瓣心香三日雨。

谒隐真祠

宋·潘孝恭

兴刘曾致力，诛寇却归农。

功向前朝立，侯于异代封。

孤坟埋宿草，遗庙隐长松。

预谢恩波及，心香一缕浓。

●图 6.2.2 美满 王剑波／摄

古昭利庙

宋·杨廷兰

出作东汉将，归扶南山犁。

置身云台表，庙貌何崔巍。

功补夏后阙，泽同郑渠遗。

滔滔流不息，千古白沙溪。

题石门净胜寺

元·黄缙

十倾苍坡上，山延地势偏。

屋楼黄面老，碑挂赤乌年。

叶叶风荷颤，层层雪瀑悬。

青灯夜廖间，独照一僧禅。

憩净胜寺题壁

元·张齐

问俗欢风三十里，等闲谁遣此风流。

叨陪太守文章伯，凤驾南村使者辀。

风力斜欺疏绮薄，梅花香入洒杯浮。

表章孝义崇先哲，不是寻常汗漫游。

白沙春水

明·朱助

白沙连翠竹，春岸漾晴波。

堰合千山雨，涨分万顷禾。

灵昭黄武始，泽沛赤乌多。

欲问卢侯事，遗碑仔细摩。

南山秋色

明·朱胜

碧天如镜静，云雾绝纤毫。

万壑明红树，千岸涌翠涛。

连溪平野阔，对岸古城高。

秋色频舒眼，无风吹布袍。

●图 6.2.3 南山茶园 叶旭文／摄

谒隐真祠

明·宋约

当年辅国有奇功，勇退归山作卧龙。

不问生前承帝宠，却从殁后赐候封。

巍巍古柏临清渚，寂寂高坟对碧峰。

三十六湾溪堰水，至今利泽未曾穷。

千松梵音

明·宋约

路入千松十里阴，时闻仙梵落空林。

惊回石上三生梦，唤醒人间万古心。

飒沓乡随天籁远，清泠飞逐涧泉深。

何当得与谈空侣，洗耳焚香听妙音。

白沙春水

明·杜恒

白沙溪水镜光清，水面无风似掌平。

春暖锦鳞吹细浪，晚晴黄鸟啭新声。

烟堤绿树人家小，云诸斜阳钓艇横。

三十六渠饶灌溉，秋田万顷仰西成。

南山秋色

明·杜恒

沈楼送目见南山，秋色迎人思不悭。

孤鹜断鸿飞沓沓，碧芜红树映斑斑。

数家村居丹青里，几处楼台紫翠间。

形胜自应千古好，屏颜长向一城环。

霓裳中序·隐真祠

明·杜翔凤

叹炎刘英杰，战罢昆阳东改辙。添几段渔樵闲说，曾卧石搀云，盥溪掬月。豹韬全韬，望平畴:重堰膏洽。又非是,富春山上,钓客仅留碣。

细认，残碑未灭，漫相夸船能撑铁。金钗井底深抉，好弄粉调脂，盈盈清洌。神来翠旌挈，驾风马云车夔蘷。三年后，狮迎儿队，再告豆登洁。

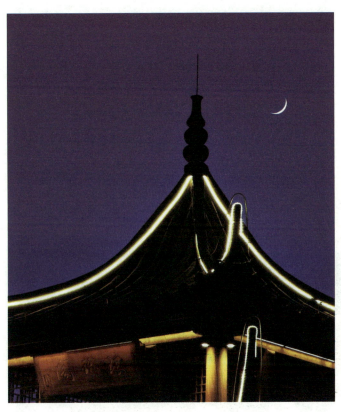

●图 6.2.4　月上琅峰阁　王剑波／摄

谒金门·舞队

清·范世德

春集庆，彩焕溪桥山磴。童舞狮奔箫
鼓竞，欢声千壑应。

遥想洛京奔命，峭底鏖兵风劲，功就
归来风色静，满怀泉石兴。

南山秋色

清·倪懋祚

众山摇落早惊秋，佳气南浮压沈楼。

丹障万重苍岭接，碧云千顷白原流。

骚人极目增诗兴，仙客登临散旅愁。

知有黄公遗榻在，应于此地遇浮丘。

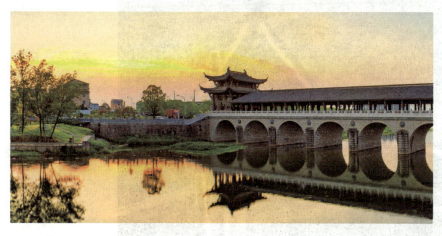

●图 6.2.5　白龙桥古廊桥　卓德强／摄

　　金华是八景诗文化的发源之处，自古不少地方都流传有"八景""十景"的说法，再经地方官和文士选定、赋诗，八景、十景诗也就应运而生了。这些诗明则写景，实则表达了当地人对一方水土的热爱。

龙门八景

龙门素月

元·黄缙

楼台供翠山顶耸，老树偃伏犹苍龙。

金乌直落碧云外，冰轮碾出银河东。

玉宇澄澄仓皓景，纱窗露透衣裳冷。

瑶阶独步吟复吟，不知踏破梧桐影。

书阁清风

元·黄缙

杰阁紫山环碧玉，牙笺插架三万轴。

隐若朝夕傲仪皇，北窗高卧薰风足。

高山远水鸣瑶琴，冷然入耳多余音。

丘中深得太古趣，因之便欲投吾簪。

烟寺鸣钟

元·黄缙

响楼龙门山翠律，香刹雕甍耀金碧。

双龙屹立烟雾中，且暮华钟为谁击。

九天声动蛟龙惊，能惊万户开千门。

忧忧浮生若大梦，闻之不省徒晨昏。

竹林横笛

元·黄缙

百万琅玕翠如东，露花不坠瑶草绿。

寒色深深六月秋，中有幽入自横玉。

梅花曲应黄钟管，紫烟散尽碧云断。

翕然飞响绕天涯，不觉薰风坐来满。

东溪钓雪

元 · 黄缙

长风万里喧乔木，落花片片飞寒玉。
乾坤一色莹无尘，曼树瑶枝远相瞩。
东溪更觉爽气多，揭杆钓叟犹青簑。
旁人不解得鱼意，六鳌一钓共如何。

西陇耕云

元 · 黄缙

东阡西陌经时雨，漠漠平田被流水。
林端布谷若有情，耒作村村自兹始。
牧童饭牛桑苧间，老叟秉耒耕青山。
一箪一食苟无虑，稼穑服劳非所难。

南麓樵歌

元 · 黄缙

伐木丁丁声不绝，空山寂寞闻啼鸟。
私烟东尽青林枝，落日红微彩霞灭。
肩薪行行歌复歌，心怡不惮山嵯峨。
山中仙子不我遇，世间甲子成空过。

北陵牧唱

元 · 黄缙

春浓绿野多芳草，牧童嘻嘻饭牛饱。
联翩追逐不知劳，扣角高歌透云表。
稳眠牛背轻如舟，歌声杳杳身悠悠。
此生玩不解荣辱，但愿稼穑常多秋。

●图 6.2.6　葡萄红了　吴潮宏／摄

临江八景

舟迎麦浪

清·尹正中

陆地舟尝系，波腾热欲掀。

浪漂舟似动，舟定浪空翻。

挈楫终难破，巨鳌亦畏吞。

油油弥望麦，风息是平原。

塔涌松涛

清·尹正中

松老虬龙见，腾挪体势雄。

雾拖鳞甲动，飓作浪涛空。
如雷声轰轰，似鼓韵逢逢。
飞澜喧塔阜，潮汐颇相同。

千年雪积

清·尹正中

夜月沙如雪，还疑似雪砂。
板桥绝人迹，野渚泊浮家。
朗夺昆山玉，光摇银海花。
梁园作赋客，误认竟才华。

万斛香飘

清·尹正中

此间多丛桂，不数入公山。
金粟绿枝砌，天香随手攀。
居人爱复惜，过客去犹还。
万斛如堪贮，贫夫亦解颜。

帆飞柳上

清·尹正中

柳浪西湖景，荒陬亦有之。
绿波浮古岸，白水接高枝。
帆挂树杪过，舟从叶里移。
客来新见者，无不共称奇。

烟锁林梢

清·尹正中

缥渺晚炊合，横斜树不分。

高人轻洒墨，寒浦薄铺云。

帆落迷归棹，鸿悲因失群。

苍茫无限意，烟影淡而文。

灯明渔浦

清·尹正中

古渡渔舟集，黄昏渔火多。

岸高烧赤壁，水满烁金波。

晴际霞光映，雨来烟影拖。

得鱼频换酒，渔笛应渔歌。

月挂溪桥

清·尹正中

明月苦相邀，溪行破寂寥。

垂杨横钓艇，宿鸟送归樵。

素影危桥渡，清晖急湍漂。

似兹景外景，好笔也难描。

● 图 6.2.7　雪后放晴　程月仙／摄

酤坊十景

　　古方（酤坊）南临仙霞岭与白沙溪，西望九峰山，东首是洞山，山水相间，农商并兼，故有风流名士触景生情，赋诗十首以赞古方美景，遗憾的是诗人之年代姓名不详。

南岭春雪

　　岣嵝分枝镇婺阳，片云晓出上飞扬。

　　氤氲气蔼兰茅秀，缥缈荫舒蕨臂长。

　　青幞低垂晴钓睡，翠裘重叠雨龙藏。

　　予因翘首溪头望，却念梁公步太行。

白沙夜月

晚来夕眺斯溪上，皓魂涓涓昭渚涯。

流触石头惊玉兔，风生水面动银蛇。

碧波荡漾金波浅，桂影轻移柳影斜。

上下相辉同一色，恍疑满眼是琼华。

九峰时雨

有龙潜迹九峰岩，巫变嘘云需昊天。

带雾溟濛敷淑气，随风披拂洗嚣炎。

稿甦禹甸联金地，瑞降尧封满玉田。

四季一方沾德泽，无人不道乐丰年。

五岗霁雪

彤云收尽霁光饶，冻合岗头雪未消。

珠树琼花开的灿，冰峰雪峤耸昭饶。

陶公淡味烹初熟，袁子甘僵梦正遥。

山下老翁相笑语，虚簪谩酌咏仁尧。

延真晓钟

正宇巍巍冠水西，华鲸晨吼震南溪。

响冲碧落星辉淡，声逐银河月魄低。

断续鸣迎阳谷耀，疾徐敲破喧烟迷。

要知八百音初歇，读向窗前耕向畦。

清隐晚牧

清隐云深绿满波，饭牛归暮涉寒波。

烟光跦澹横吹笛，夜色苍茫倒挟簑。

芳草渡头来湿湿，斜阳陌上笑呵呵。
回家卧向茅茨月，谩唱当时宁戚歌。

鸢飞洞浦

日暖风清洞浦湜，鸣鸢飞去又飞回。
身翻云影苍衣湿，尾蘸波痕碧带开。
健翼远扬先鹭举，厉声高著为鹞来。
有关道体无人识，曾起英雄叹逸才。

鱼跃龙溪

白沙溪水泛荡荡，波波游鳞逐队忙。
跳跃萍开山动影，浮现漾日岸摇光。
金梭细织鲛绡薄，玉尺频量蜀练长。
霹雳一声桃浪暖，随龙飞上谒云乡。

竹所风光

猗猗嘉种出淇园，从昔栽培近碧轩。
披拂影摇烟白书，铿锵声徹月黄昏。
清虚坚抱冰霜节，散逸偏水雨露恩。
弈叶余晖常不替，春雷震动起龙孙。

薇寒玉露

一种奇葩复故城，延凉月下露华明。
丝丝紫绶垂云液，落落冰珠照锦英。
沆瀣夜浮虚白静，葳蕤秋接建昌清。
花阴盥手开书帙，原听民谣颂政平。

●图6.2.8　夕照　王剑波／摄

循理之乡，文献渊薮

　　（卢文台）率所部三十六人，退隐括苍，
与塔石陈威惠侯同高尚焉。前岁旱魃为灾，
将军愍州县官吏祈祷艰苦，即发水白砂村
南三百余步，名涌泉潭。

　　　　　　　——唐·唐岩《唐武威侯庙碑记》

　　婺于东南为乐郡，金华于婺为沃壤。
有所谓白沙溪者，其所灌之田于金华为上
地。自沟洫之迹亡，水无定制。流者为堰，
汇者为塘、为陂、为湖。唯堰之利溥，其
为功实难。

　　　　　　——宋·杜旟《宋昭利庙碑记》

　　炎汉中叶，龙飞白水。附翼攀鳞，我
侯以起。寇憝殄歼，投簪远徙。悠悠辅苍，
白沙之滨。有田树艺，庇我农人。巨石騞开，
厥泽惟均。郑渠白渠，专美靡许。泛我清泉，
渥我稷黍。降我丰穰，盈我仓庾。

　　　　　——明·吴沉（撰文）、宋濂（篆额）
《明昭利庙碑记》

　　祠在辅苍桃源乡通仙里王之冢前也。
王冢名隐圣邱。坐三台对五峰，两臂山各
离祠二里许，作龙虎拱护。

　　　　　　　　——明·杜翔凤《隐真祠记》

　　浙上游婺濲，固称岩郡，割属汤溪。
而县东二十里白沙堰共三十有六，所从来
焉，自汉柱国昭利侯浚汇之。

　　　　　　　——明·赵崇善《白沙水利碑记》

●图 6.2.9　常回"家"看看　王剑波／摄

　　自括苍而来，绕遂昌界北流入婺境，
所谓辅苍源是也。地尝苦旱，水利之术不一，
惟堰之利最溥，而白沙堰三十有六，遇潦
不溃，遇旱有潴，灌溉民田殆数万顷，盖
白沙有神主之，而民之邀灵贶者由来旧矣。
　　　　——清·崇福《大清重修昭利庙碑记》

●图 6.2.10 落日 卓德强／摄

　　白沙溪，其源东自遂昌天堂岭之乌阴
坑。岭高五百余丈，坑北为鼓岭，稍南为
薄刀岗，三水悬流三四里，合处为长溪滩，
西流三里，至荒田头杉树岭，水合焉。

——清·沈宝麟《源流考》

后记　托体同山阿

　　今天的人们了解白沙溪三十六堰，绕不开《白沙古堰的历史与传说》一书。2009年，由张柏齐、崔士文、向子范、徐康有等十多名70岁至80岁的金华市离退休老同志组成的"民间"调研组成立了。

　　这恐怕是金华历史上平均年龄最大的调查组，他们走村庄、下溪滩、入深山、探古迹，历时4年，整理编纂30余万字，完成了一场"文化苦旅"。这是现代学者第一次完整而系统地对白沙溪三十六堰的历史演变、建造工艺、人文盛景致以深情的拥抱。清晰的笔记流淌过白沙溪流域的民俗、民风、民间传说等衍生文化，让1900年的往事生机勃勃。

　　2020年12月8日，我沉浸在两个消息带来的复杂情绪里——

　　这一天，白沙溪三十六堰入选世界灌溉工程遗产。

　　这一天，《白沙古堰的历史与传说》的作者之一崔士文老先生驾鹤西去，享年88岁。

　　人的一生总会带着某些使命而来，总有一片山河等待我们热情地拥抱。

　　从那日之后，我便萌发了创作《堰遇白沙》一书的想法。在写作过程中，我有幸结识了一批热爱地方文化的教授、学者、专家，如吴远龙、周国良、林胜华、吕纯儿、江勤学、朱明升等。因此，每每提笔，我总觉得一双双有形的或无形的手，时刻紧握我的手，和我一起完成了所有的篇章。

把书名定为《堰遇白沙》，是因为这条溪流并不算壮美，但与它有关的故事却打破了时间与空间的藩篱，至今依旧深邃辽远。在几易书稿的过程中，我惊讶地发现，或许我们穷尽一生的时光和智慧，也无法准确把握它的过去和未来。我们只能尝试着讲故事，讲述一个个在这片土地上曾经发生过的，以及正在发生的故事。

"旧泽尚能传柳郡，新亭谁为续柑香？"现在，轮到我们了。

朱劲涛